GONGLU GAOTIANFANG LUJI
KANGZHEN XINGNENG JI ZHENHAI FENXI

公路高填方路基
抗震性能及震害分析

李金贝 著

中国矿业大学出版社
·徐州·

内容提要

本书在总结和分析前人研究成果的基础上，以土动力学、相似理论、地震动力反应等理论为指导，以振动台试验、数值分析、地震灾害现场分析、相似模拟等为手段，对公路高填方路基(尤其是斜坡地基上的高填方路基)及其支挡结构的地震动力演化过程、地震动力反应与动力破坏过程以及地震动参数的影响因素进行了深入研究，并在总结路基结构震害特征及抗震薄弱部位的基础上提出了震后路基结构安全诊断重点。本书研究成果对公路路基结构的抗震性能分析及震后修复加固具有重要意义。

本书可作为从事公路工程抗震分析、震后安全风险评估及修复加固等工作的科研人员的参考书，也可供从事工程抗震设计及施工工作的技术人员参阅。

图书在版编目(CIP)数据

公路高填方路基抗震性能及震害分析 / 李金贝著
. —徐州：中国矿业大学出版社，2023.4
ISBN 978-7-5646-5737-6

Ⅰ. ①公… Ⅱ. ①李… Ⅲ. ①公路路基—抗震性能—研究②公路路基—震害—研究 Ⅳ. ①U418.5

中国国家版本馆 CIP 数据核字(2023)第 030745 号

书　　名　公路高填方路基抗震性能及震害分析
著　　者　李金贝
责任编辑　潘俊成
出版发行　中国矿业大学出版社有限责任公司
(江苏省徐州市解放南路　邮编 221008)
营销热线　(0516)83884103　83885105
出版服务　(0516)83995789　83884920
网　　址　http://www.cumtp.com　**E-mail**:cumtpvip@cumtp.com
印　　刷　江苏淮阴新华印务有限公司
开　　本　787 mm×1092 mm　1/16　**印张** 7.5　**字数** 192 千字
版次印次　2023 年 4 月第 1 版　2023 年 4 月第 1 次印刷
定　　价　40.00 元

前　言

我国历史上发生过诸多破坏性极强的地震，全球的板块构造和动力条件决定了我国是一个地震高发国家。路基结构是公路等线性工程中最普遍的构造物，具有量多面广的特点，地震发生时，路基结构的破坏是最常见的。而公路工程在抗震救灾过程中的重要性不言而喻，历次大地震均表明，路基结构等生命通道影响赈灾黄金救援时间，对于挽回生命财产损失具有至关重要的作用。因此对路基结构抗震减灾研究应给予足够的重视。

许多专家学者对公路路基抗震进行了大量研究，取得了一定的成绩。然而由于路基结构的复杂性，路基抗震性能的分析尚需要理论支撑和实践检验，填方路基结构的地震动力反应变化规律和动力破坏过程以及地震动参数对动力反应的影响尚未得到合理解释。因此，对高填方路基结构进行振动台模型试验，并与汶川地震等实际路基震害特征加以对比，总结路基结构的震害特征及抗震薄弱部位，从而可以为高填方路基结构的抗震设计提供依据，甚至可为震后路基结构安全检测以及在抢险救灾和恢复重建阶段提供处治建议。

作者在研究过程中查阅了公路工程抗震、震害评估、震害修复加固等方面的大量资料，并得到了张鸿儒教授、李志强研究员的悉心指导，在总结前人研究成果的基础上，完成了高填方路基结构的大型振动台模型试验。

由于作者水平所限，书中难免存在不足之处，恳请广大读者批评指正。

著　者

2022 年 8 月

目　　录

1　绪论 ………… 1

1.1　引言 ………… 1

1.2　公路路基结构震害 ………… 2

1.3　公路路基结构抗震安全研究现状 ………… 6

1.4　研究内容及技术路线 ………… 9

2　汶川地震路基结构震害调查 ………… 11

2.1　都汶高速公路路基震害调查 ………… 11

2.2　G213(映秀到汶川段)路基震害调查 ………… 13

2.3　汶川地震路基结构震害的形式及其原因 ………… 16

2.4　路基结构震害的影响因素 ………… 18

2.5　路基结构震害的评估处置 ………… 20

3　路基振动台模型试验 ………… 24

3.1　试验设备 ………… 24

3.2　填方模型路基一般相似关系 ………… 27

3.3　振动台模型路基的相似律 ………… 30

3.4　模型材料的选配 ………… 32

3.5　模型设计及制作 ………… 40

3.6　输入地震波选择和试验加载制度 ………… 43

4　模型路基的地震动力反应性状 ………… 46

4.1　模型路基的加速度反应 ………… 46

4.2　模型路基的位移反应 ………… 62

4.3　模型路基挡土墙的动土压力变化规律 ………… 71

4.4　模型路基的破坏及抗震性能 ………… 72

4.5　有支挡结构原型路基的推导动力反应 ………… 75

5　模型路基地震动力反应数值分析 ………… 77

5.1　FLAC^{3D}动力分析 ………… 77

5.2 有支挡结构模型路基的计算分析 …… 80
5.3 无支挡结构模型路基的计算分析 …… 95
5.4 有支挡结构原型路基的计算动力反应 …… 103

参考文献 …… 107

1 绪 论

1.1 引 言

我国是一个地震高发的国家，曾多次发生破坏性的地震，这缘于我国地处太平洋和喜马拉雅-地中海地震带两大最为活跃的地震带之间。我国曾发生的“5·12”汶川地震，造成了巨大的生命财产损失，尤其路基等公路构筑物的损毁，直接造成了生命救援通道的中断，错过了最佳救援时机。这再次印证了偶然发生的地震虽然频率不高，但对人民的生存构成了严重的威胁。

公路路基等构筑物是人民赖以生存的必要条件，是生命线工程的重要组成部分。公路构筑物的损毁不仅会造成巨大直接经济损失，而且影响抢险救灾。在地震作用下无论是公路路基结构本身还是其挡土结构，均将经历非常复杂的难以理论化的力学过程。以往的研究很少涉及路基的动力学特性，现行《公路路基设计规范》(JTG D30—2015)关于地震等动力荷载主要以区域地震烈度作为唯一的考虑依据，缺乏针对性；路基岩土体的力学特征、结构形式等千变万化；地震荷载作用下的动力反应大不相同；目前公路工程构筑物的设计在考虑地震荷载时多采用拟静力法，大都没有考虑地震波的波形、震动频率、作用时间、输入方向等因素，也没有考虑路基土体的动力学参数。因此，路基在地震时的动力特性及动力反应难以真实反映，构筑物的动力分析结果与地震作用下的实际情况存在较大的差距，难以满足公路工程抗震设计的要求。

路基工程除了在抗震设计阶段的动力分析具有必要性，在震后的抢险救灾阶段更至关重要，震后道路的通行能力直接决定了赈灾抢险的速度和效率。震后道路通行能力的可靠评估、临时加固措施的正确采用等均有文件要求。现行的《公路路基设计规范》(JTG D30—2015)对公路路基的设计有较为详细的规定，《公路工程质量检验评定标准 第一册 土建工程》(JTG F80/1—2017)对新建公路的质量检验评定有明确的要求，但是路基结构震后的安全性检测和评价目前尚无成熟的技术和方法，难以满足震后公路抢险救灾乃至修复加固的需要。

众所周知，路基结构主要包括填方的路堤、挖方的路堑和半填半挖的路基，以及为保证路基稳定性的挡土墙等防护结构。不同的路基结构类型，其震后重建与恢复的难易程度不相同。对于路堑边坡，地震中往往发生的边坡垮塌较多，对塌方的边坡土体及时清理后即可基本通车。对路堤而言，尤其是半填半挖的路基结构，在地震作用下轻则发生开裂、不均匀沉降、局部垮塌等病害，但对道路通行能力的判断提出了更高要求，需要准确的专业评估才能确保生命通道的畅通；严重的则可发生塌方式的损毁，如要恢复通车，则需要重新填筑，费时费力，难度相对较大。

因此，考虑公路路基结构的多样性以及震害调查中路基结构损毁的典型特征，本书将主要针对斜坡地基上的公路高填方路基及其支挡结构开展研究。通过输入不同类型的地震动荷载如EL-Centro波（以下简称EL波）、汶川波等，研究路基结构在地震荷载作用下的动力反应破坏特征、支挡结构的动土压力以及不同工况条件下震后路基结构的安全通行能力，从而为提出路基震害防治和震后安全评估方法奠定基础。

1.2 公路路基结构震害

国内外发生的大地震中大都有关于公路路基结构等生命通道重要构筑物影响抢险救灾的报道。

2008年发生的"5·12"汶川地震，地震发生后震中的317国道、213国道全部中断，都江堰通往汶川的所有道路全部中断，阿坝州境内干线公路全部中断（小金县境内303省道、210省道全部中断），在解放军部队日夜奋战48小时以后西线生命通道才勉强打通，严重缩短了实际黄金救援时间。1988年11月6日云南澜沧-耿马发生了7.6级和7.2级地震，区域内多达37条道路遭到严重破坏，300多处路基结构失稳并发生不同程度损毁。临沧市6条主干道受阻，路基发生严重沉陷和倾覆，对外联通道路完全瘫痪，48小时后才通车。

2004年日本新潟地震中，震区很多道路中的路基均出现了填土流出现象，部分道路发生沉降、塌陷或断裂，灾区震害严重，192处规模以上公路不能通行，塌陷和断裂严重的约占一半，造成震区29个村镇交通阻断。

1.2.1 路基震害类型

通过查找并分析国内外震区公路路基的震害资料，发现历次地震中路基沉陷、扭曲坍塌、不同程度开裂、滑移等震害现象随处可见，虽受害程度不一，但都造成了巨大的经济损失。总结历次地震中的路基结构震害，路基结构破坏形式和典型震害可总结如下。

(1) 路基结构的震害类型

① 直接破坏（图1-1）：直接破坏是指路基结构本身在地震作用下的损毁现象，具体原因可能是填方质量缺陷、墙体支挡能力薄弱、地震荷载过大、结构设计不佳等。

图1-1 直接破坏

② 间接破坏(图 1-2):间接破坏是指路基结构因为周围环境构筑物的损毁而引发的次生灾害,诸如山体滑坡诱发的路基结构挤压变形,边坡防护垮塌诱发的路基开裂滑移等,这也是填方路基结构最严重的震害情形。

图 1-2　间接破坏

(2) 路基结构震害具体表现形式

① 不均匀沉陷变形(图 1-3):这是较为常见的路基结构震害表现形式,主要有两种典型震害。a. 路基结构沉陷变形;b. 地壳岩层的断裂错动或受挤压、扭曲、拉伸作用产生的高地应力而引发的路基路面变形破坏。

图 1-3　不均匀沉陷变形

② 严重开裂(图 1-4):填方路基由于填土压实度和原有地基的压实度有差异,其基底软硬不一致,尤其是半填半挖的路段,填挖交界处往往属于薄弱面,在地震影响下容易因错动而开裂,甚至形成贯通性软弱面而造成滑移破坏。尤其当路基采用卵砾石土填料时,粒料类填土因咬合能力欠缺容易松散滑落。

③ 路基隆起、挤压破坏:在地震面波的影响下,路基所在地表容易发生波浪形起伏变形,在鼓起或凹陷路段,容易因张力作用而产生诸多裂缝,严重时可直接将路基挤出。

④ 崩塌、滑坡、泥石流:在地震作用下,路基边坡山体大都会产生或多或少的裂缝而导致边坡松散破碎,从而在节理裂隙发育充分的地段发生崩塌性滑坡,且地震发生时常伴随剧烈的地壳运动、地下水位异常、暴风雨来临等,在雨水因素的刺激下,山谷中因崩塌和滑坡形成的松散堆积物容易诱发泥石流。除此之外,饱和的松散碎砾石土边坡也常见浅层溜坍破坏。

图 1-4　严重开裂

⑤ 次生破坏：如山体滑坡导致的河道阻塞、堰塞湖形成等引起的公路淹没，河道压缩致使湍急的水流冲毁路基，山体崩塌坠石损毁路基中断交通，以及滑坡、泥石流掩埋路基等。不仅如此，在震后相当长的一段时间内，还会陆续出现滑坡、崩塌、泥石流等次生灾害，对公路路基结构造成极大程度的破坏。

比较表明，在遭受震害的公路路基中，不均匀沉陷变形、严重开裂、隆起、次生破坏等是地震中路基破坏的主要表现形式。

1.2.2　路基挡土结构震害

地震中，公路路基的挡土墙往往会发生较为严重的震害。其震害的形式及特点如下。

（1）挡土墙震害表现形式

① 挡土墙坍塌（图 1-5）：地震时浆砌片石、块石、卵石挡土墙损毁相对严重，这大都是由于砌体结构整体性差而引发的墙体滑塌，部分墙体的外移失稳也加剧了挡土墙的坍塌。

图 1-5　挡土墙坍塌

② 挡土墙剪切破坏（图 1-6）：地震时断层破碎带上的挡土墙、粒料类填方路基的挡土墙往往由于背后动土压力过大而较易发生剪切性破坏。

③ 挡土墙外倾（图 1-7）：地震时断层破裂、背后动土压力、山体滑坡侧移等引起挡土墙环绕墙趾的倾覆破坏。

④ 挡土墙滑移（图 1-8）：挡土墙由于墙趾埋深较浅、基础裸露、路基稳定性差等容易发生滑移。

图 1-6 挡土墙剪切破坏

图 1-7 挡土墙外倾

图 1-8 挡土墙滑移

⑤ 挡土墙沉降(图 1-9):地震引起的挡土墙地基承载能力降低以及纵波作用下的挡土墙上下浮振等导致挡土墙发生不同程度的脱空、沉降甚至倒塌。

⑥ 挡土墙外鼓(图 1-10):地震时挡土墙结构扰动、墙后路基填土力学特性改变、饱和路段水压增加、挡土墙背后动土压力骤然增大等会引起挡土墙外鼓。

(2) 挡土墙震害的主要特征

① 在水文地质条件有较大变化的路段,挡土墙震害情况明显且特征不一,水文地质条

图 1-9　挡土墙沉降

图 1-10　挡土墙外鼓

件或地形的变化可导致地层震动及位移反应有较大不同，在其中产生大的应变，从而致使挡土墙结构破坏。

② 地震时挡土墙与周围土体一起运动，当周围土体与挡土墙间的刚度不匹配或挡土墙存在明显惯性时将产生过度变形。

③ 挡土墙处于可液化地层、断层等不良地质体中时易遭受地震破坏。

④ 挡土墙断面厚度和高度发生明显变化的部位容易发生破坏。挡土墙拐角部位也容易发生破坏，是抗震的薄弱环节。

汶川地震对公路造成的破坏现象及其特点值得深思，特别是低等级公路几乎全毁。通过这次地震我们可以看出，公路工程的抗震能力仍十分薄弱。当地震烈度达到 7 度时，路基结构可能因震害产生裂缝甚至坍塌倾覆，交通中断，从而造成巨大经济损失。

1.3　公路路基结构抗震安全研究现状

尽管我国公路行业对路基结构的抗震研究很少，但对地震的研究，国内外开展了大量的工作，其相关成果值得学习和借鉴。就国内外研究情况看，路基的相关研究主要体现在填土动力特性、路基结构对地震荷载响应的特点及规律、路基边坡的动力稳定性等 3 个方面。

1.3.1 路基抗震研究

(1) 填土动力特性

对于高填方路基,其抗震性能严重依赖其填筑土体物理力学性质及结构特性。在自然状态下,路基填土的物理力学性质及强度参数是一个相对稳定的确定值,而在地震等动荷载作用下,路基填土必然会发生一定程度的变化,表现为强度、模量、阻尼等参数的变化。从事地震工程研究的科研人员很早就开始了填土的动力特性研究,但大都针对建筑行业开展,对公路路基填土动力特性的研究工作开展得很少,所取得的研究成果很难直接应用于公路路基建设,因此有必要开展公路路基填土动力特性的研究。针对填土的动力特性,各国学者从不同的方向对其进行了较多的研究,这些研究的主要内容包括填土的动力本构关系、填土的动力参数、填土的动力特性测试技术等方面。

填土的动力本构关系大致分为两类:非线性弹性模型和弹塑性模型。非线性弹性模型主要包括双线性模型、等效线性模型和曼辛型非线性模型等。王志良等引进一个阻尼比退化系数,对曼辛型非线性模型进行了修正;沈珠江采用双曲线拟合堆石料的骨干曲线,提出了一种修正等价黏弹性模型。弹塑性模型主要包括 Mroz 基于塑性硬化模量场提出的多面模型、Dafalias 在多面模型基础上提出的边界面模型、松岗元提出的多机构模型,以及史宏彦等基于应力矢量和松岗元多机构模型提出的多机构应力矢量本构模型等。

动剪切模量和阻尼比是填土动力特性的首要参数。为了确定填土的动剪切模量和阻尼比,国内外学者进行了广泛的研究,取得了许多有价值的研究成果。早在 1970 年,Seed 等就建立了砂土的最大剪切模量经验公式。祝龙根等利用共振柱试验对低幅应变条件下砂土的动力特性进行了研究,提出了动弹性模型和动剪切模量的经验公式。Hardin 等给出了黏性土的动剪切模量经验公式。谢君斐等研究了原状饱和黏土动力性能并给出了可反映动弹性模量与动应变间关系的经验公式。陈国兴等对国外现有土的动应力-应变关系试验成果进行了分析和总结。

填土的动力特性测试手段一般分为室内和原位两种,这两种手段相互补充,各取所长。室内测试技术包括动三轴试验、振动剪切试验、共振柱试验、离心机试验等方法;原位测试技术包括动力旁压仪测试法、采用振荡器表面波测试法、低频循环加载测试法等。

(2) 路基结构对地震荷载响应的特点及规律

地震对路基结构的影响主要包括地震使路基结构的加速度、速度、位移和内力等发生改变。因此地震反应分析远比静力分析复杂得多,不仅与路基填土的动力特性有关,而且与输入地震的特性密切相关。地震具有很大的随机性,很难进行精确的预测。要研究路基结构的抗震性能,首先必须清楚地震动荷载对公路路基及其支挡结构的作用特点,以及两者在地震动荷载作用下的动力耦合规律。而对于这方面的研究,目前可以查到的相关文献很少。即使对于研究相对较多的坝体,与动力抗震分析有关的文献也不多见。目前对路基结构动力特性的研究主要集中在周期荷载上,而事实上,路基结构的动力特性还与应力路径密切相关,即关于真实地震动载作用下的路基结构动力特性的研究才刚刚开始。现有的研究成果主要针对地震的发生、发展机理,虽然取得了许多研究成果,但是人们很少将地震及其作用对象(如路基边坡及其支挡结构)结合在一起进行专门的研究,即使有,也是针对建筑及大坝进行的,这些研究成果尚不能直接应用于公路路基。

从地震动荷载作用下的岩土体地震反应的物理现象出发，为能够真实体现地震动载作用下的岩土体的动力行为，国内外学者利用数学和力学原理逐渐发展了一些方法，其中拟静力法、滑块分析法和概率分析法与实际相差较大，难以反映岩土体在地震动荷载作用下的真实行为，数值分析法和试验法能够比较真实地反映岩土体在地震动荷载作用过程中的动力特征和破坏机理。

杨雄利用有限元分析软件 Adina 中的瞬态动力学分析方法建立了填方路基结构的二维平面模型，对多种工况下填方路基结构进行了地震反应分析，对比分析了填方路基结构在输入单向地震波作用、不同地震动荷载强度、不同路基断面形状、不同路基填土特性等情况下的地震反应，得出了填方路基结构地震反应的一些基本规律以及两种公路路基减震措施的效果。秦旗等利用 Ansys 软件建立路基模型，加载 1976 年宁河天津地震波，对路基的动力反应进行数值模拟，并对动力反应结构进行分析，得出了路基结构的一些动力反应规律。王丽霞等基于冻土场地路基的典型工况开展了路基地震反应动应力形状研究，探讨了含冻土层路基的地震动应力幅值和频率较不含冻土层路基的地震动应力幅值和频率的差异，得出了冻土层存在可加剧路基震害反应的结论。

除了数值计算方法，试验法也是常见的非常重要的手段之一。在满足相似律的条件下，试验法能够较真实地反映岩土体的薄弱环节及渐进破坏激励和稳定性程度，便于直接判断路基的地震稳定性，同时可对各种数值模拟结果进行检验。从所掌握的资料来看，有关路基结构动力反应的试验几乎没有，试验大都是针对边坡及坝体的，且基本上均采用振动台试验进行物理模拟。王思敬通过岩石块体单一滑动面的振动台试验获取了滑动面的摩擦特性等研究成果。王存玉在二滩拱坝动力模型试验研究中发现，边坡对地震加速度存在竖向和水平向的放大作用。清华大学对龙羊峡水电站和二滩水电站工程坝肩动力特性进行过相关研究，其内容包括模型试验和有限元动力计算。徐光兴等设计并完成了边坡的大比例尺振动台试验，探讨了地震作用下模型边坡的动力特性与动力反应规律，以及地震动参数对动力特性和动力反应的影响。翟阳等对土坝边坡进行了振动台试验，分析了振动条件下边坡对土坝抗滑稳定性的影响。张平等通过一系列的简化模型振动台试验对岩石边坡的平面滑动进行了研究，提出了边坡动力残余位移的累积计算公式。

（3）路基边坡的动力稳定性

从理论角度来看，目前关于路基在静荷载作用下的稳定性问题研究已逐渐成熟，而路基在动荷载（如地震荷载、爆破荷载、风荷载、波浪荷载）作用下的稳定性研究相当欠缺。由于具有复杂性，目前对路基边坡的动力稳定性的研究还不是很成熟，尚处于探索之中。动力分析方法主要有拟静力法、纽马克法和动力有限元法。

Davis 等在圣费尔南多地震的测量中发现山顶的地震加速度比山脚的地震加速度大很多，呈倍数增长。通过分析国外卡格尔山山顶和山脚两点的强余震加速度观测记录，发现山顶地震持续时间变长，加速度放大效应显著。

王存玉等所做的振动台试验表明，边坡顶部对振动的反应幅值较之边坡底部存在明显的放大现象，边坡的边缘部位对振动的反应幅值较之内部也存在放大现象。阮永芳等采用动力有限元法对高填土路堤的地震稳定性进行计算、对地震动峰值加速度放大系数的取值进行研究，以确定地震动峰值加速度放大系数对采用拟静力法分析计算公路路堤抗震稳定的作用效应和抗力的影响。薄景山等建立了可计算土边坡地震反应及可评价其动力稳定性的数值分析模型，将土边坡在动力作用下的应力状态简化为自重应力状态和附加动力状态的叠加，并对这两种应力状态进行研究，提出了土边坡动力稳定性的定量评价方法。

1.3.2 路基抗震安全评价研究

岩土工程抗震安全评价的历史发展经历了三个阶段。

① 20 世纪 30 年代至 80 年代，地震作用以等效的静力作用代替，路基等岩土构筑物的地震反应采用拟静力法进行分析，路基边坡等通常采用拟静力平衡条件分析抗震稳定性。

② 20 世纪 80 年代至 21 世纪初，岩土工程的动力分析方法逐渐发展，Seed 等提出了用等效线性化方法分析土石坝的地震反应并加以推广，但大量土石坝的震害资料表明，用等效线性拟静力法计算出的坝体抗震安全度不能很好地解释地震破坏现象，难以预测可能出现的多种震害，因此选择地震永久变形衡量抗震安全性能的方法逐渐起步和发展，并在美国的抗震规范中得以体现。以地震变形为基础的抗震设计及安全评价方法主要有两种：一种是纽马克提出的刚体滑块位移法，该方法将滑动体看作刚性的，当地震波峰值加速度超过阈值加速度时，滑动体开始滑动，当地震波峰值加速度小于阈值加速度时，滑块停止滑动。随着动力分析方法的发展，许多学者对纽马克方法进行了合理的改进，如有的学者指出应对整个滑动体的动力和塑性滑移进行独立分析，即“解耦型”纽马克滑体位移法。另外一种是基于连续介质力学的变形分析方法，如 Serff 等提出的简化分析法和 Seed 等提出的等效节点力法等。

③ 21 世纪以来为新的抗震安全评价标准的酝酿和发展阶段，岩土工程的抗震安全受到世界各国的重视，但目前尚未定型。

有关建筑物震后安全性评估，不同国家采用不同的标准。美国联邦公路总署将结构构件劣化情形分为“好”“普通”“差”3 级予以评估；对组合构件以 0～9 及 N 予以评估。原日本道路公团将构件劣化情形分为Ⅰ、Ⅱ、Ⅲ及Ⅳ共 4 级予以评估。

我国按照新的建筑地震破坏等级划分标准，将结构遭受地震破坏情况分为 5 级，即基本完好、轻微破坏、中等破坏、严重破坏和倒塌。雷俊卿在《公路桥梁抗震防灾安全性评估分析》一文中进行了桥梁地震变形和强度易损性评估的具体分析与研究；并结合抗震规范中的超越概率评价了地震损害的危险性，以提高桥梁防震减灾的安全水平。

金勤胜等在《地质勘探在建筑物安全性鉴定中的应用》一文中指出，应用地质勘探方法，可直观、简单明了地将发生倾斜变形的建筑物的地下隐蔽部分探查清楚；结合室内土工试验及其他辅助方法可以获取有关建筑物安全性鉴定的可靠数据，同时能对建筑物的重建或加固提供必要参数，这是一种既经济快捷又科学客观的方法。

1.4 研究内容及技术路线

1.4.1 研究内容

① 通过调查汶川大地震等震后公路路基及其支挡结构的震害，研究总结高烈度地震区公路路基及其支挡结构的震害特征及发生的条件。

② 对振动台试验技术方面的难点，包括模型箱的设计、模型的相似律、模型材料的配置、模型箱边界的处理、传感器布置及加载方案等问题进行研究，并在此基础上完成模型的制作。

③ 对振动台试验取得的数据进行分析，并对模型的地震反应做规律性的研究，探讨不同强度、类型、频率和持续时间地震波作用下填方路基及其支挡结构的地震动力反应规律及动土压力作用特点。

④ 对振动台试验进行数值模拟，获得路基模型的数值分析结果，从而可验证振动台试验结果；同时结合震害调查，总结高填方路基的破坏特点及破坏规律。在此基础上，找出高填方路基及其支挡结构抗震薄弱部位。

1.4.2 技术路线

本书研究的技术路线如图 1-11 所示。

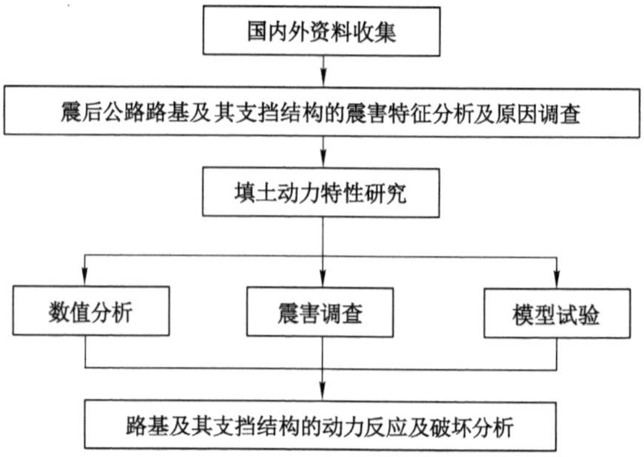

图 1-11 技术路线

2 汶川地震路基结构震害调查

2008 年 5 月 12 日 14 时 28 分，四川汶川地区发生里氏 8.0 级特大地震。一瞬间，地动山摇，山崩地裂。这场突如其来的灾难，使得汶川、北川、青川等地震重灾区建筑顷刻间变为废墟。这是中华人民共和国成立以来破坏性最强、波及范围最广、救灾难度最大的一次地震，重灾区的范围超过 10 万平方千米，造成的直接经济损失在 4 000 亿～5 000 亿元之间，其震动的强度和烈度均超过了唐山大地震。

作为交通系统构件，路基及其支挡结构是生命线工程的重要组成部分。在地震过程中，公路路基结构遭到破坏是非常常见的，它的破坏不仅会造成巨大的直接经济损失，而且会中断交通，从而造成震后抢险救援工作难以开展，救灾队伍及物资难以迅速进入灾区。在汶川地震中，路基工程的抢通和保通，一度成为需要保障的关键的生命线工程。因此，震后路基及其支挡结构的安全评价问题，成为亟待研究的关键课题。

路基结构的震害调查评估是抗震救灾过程中的一个重要环节，也是编制抗震救灾规划和制定抗震救灾对策的重要科学依据。震害调查不同于抗震设计，它给出评估对象在地震中遭受的破坏程度和可能的处置手段。同时它涉及面广，需要考虑的因素很多，所以要求震害调查方法尽可能全面详细，在满足抗震抢险需要的同时可为今后路基结构的抗震设计积累必要的震害数据。

2.1 都汶高速公路路基震害调查

汶川地震对建设中的都汶公路路基造成较大破坏。国道(213)317 线都汶公路高速公路段施工设计图中土建工程分为 A、B、C、D、E、F、G 7 个合同段，其中 A、B 合同段全线主线路基工程已经完工，路面已铺设，其余合同段部分路段的路基工程未完成。路线总长 25.858 km，填方 253.121 万 m^3，挖土方 77.002 万 m^3，挖石方 63.079 4 万 m^3，路基排水及防护圬工 10.85 万 m^3，特殊路基、路段 1 980.3 m/16 处。

对高速全线进行了全面调查，内容主要包括路基上下边坡，路基挡防结构、排水设施、路面及检修道等。经调查，都汶高速公路路基主要损坏情况统计如表 2-1 所示，都汶高速公路典型路基震害如图 2-1 所示。

表 2-1 都汶高速公路路基主要损坏情况统计

合同段	受损位置	受损情况描述	总体评价
A	RK1＋200～RK1＋600	路基沉降明显，与左线相接部分出现明显纵向裂缝，整体式路基中央分隔带内可见明显纵向裂缝，路基下边坡护坡开裂	损毁较严重，需要拆除已破坏路段的已建成路面，对路基重新填压

表 2-1(续)

合同段	受损位置	受损情况描述	总体评价
A	RK1＋050～RK1＋136	路基沉降较明显，路基标高较桥面标高下沉近 10 cm，路基下边坡护坡开裂	损毁较严重，需要拆除已破坏路段的已建成路面和边坡，对路基重新填压
B	K9＋041～K9＋305	路基沉降较明显，路基标高较桥面标高下沉近 8 cm，路基下边坡护坡开裂，中央分隔带内可见明显纵向裂缝	损毁较严重，需要拆除已破坏路段的已建成路面，对路基重新填压
B	AK0＋600～AK1＋200	路基沉降较明显，右侧路基坡脚有裂缝，沿路基中线路面纵向开裂，沥青路面裂缝最大宽度为 32 cm，收费站附近水泥路面裂缝最大宽度为 9 cm，路面面板间钢筋拉裂	损毁较严重，需要拆除已破坏路段的已建成路面，对路基重新填压
F	LK20＋880～LK20＋895	与新房子左线大桥都江堰岸衔接处下边坡约有 12 m 长衡重式挡土墙倒塌，前一段挡土墙已出现倾斜现象	损毁十分严重，需要对已经破坏和失稳的挡土墙进行拆除重建，同时应对相邻结构物进行检测
F	LK21＋115～LK21＋150	与新房子左线大桥汶川岸衔接处挖方路段上边坡路堑挡土墙出现开裂和鼓包现象，路基顶面出现横向裂缝	损毁较严重，需要拆除已变形破坏的路堑挡土墙，将开裂的路基挖除，并重建结构物，重新夯填路基
H	K25＋640～K25＋858	龙溪隧道出口段路基受损情况严重，沿河浸水挡土墙出现倾斜现象，部分路段被崩塌的山体掩埋，特别是 K25＋640～K25＋858 段上边坡完全垮塌，路基完全被崩塌的山体掩埋，恢复难度极大	路基已完全破坏，崩塌的堆积体数量巨大，初步估算超过 20 万 m^3，清除工作量巨大，同时附近挡防结构物需要检测

(a) 主线路基沉降开裂

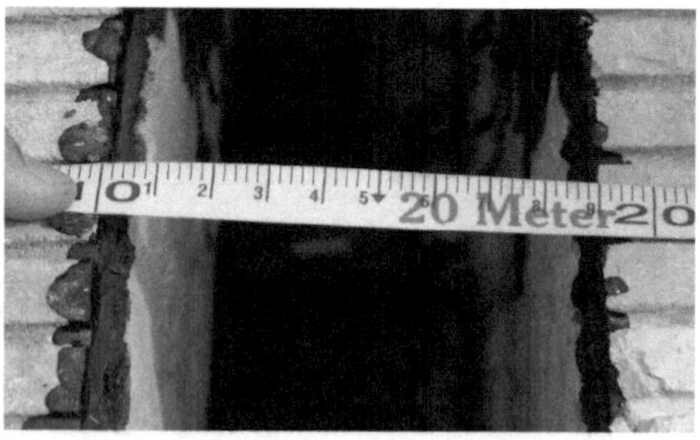

(b) 收费站附近路基沉降开裂

图 2-1　都汶高速公路典型路基震害

(c) 路基下边坡护坡开裂　　(d) 主线路基沉降

(e) 衡重式路肩墙倒塌　　(f) 路基完全被掩埋

图 2-1(续)

2.2 G213(映秀到汶川段)路基震害调查

映秀至汶川段为国道 317 和国道 213 的共用段，位于高山峡谷区，沿岷江逆流而上，地形和地质条件复杂，长度为 56 km，为沥青混凝土路面，路基宽度为 8.50 m。“5·12”汶川地震爆发后，映秀、汶川以及沿线灾区受损特别严重，映秀至汶川的交通公路也被完全中断，这一成都经都江堰至汶川的最便捷通道的中断严重影响了汶川的抗震救灾工作，制约了汶川、茂县等灾区的灾后重建工作。

根据现场调查，映秀至草坡段受灾十分严重，该路段有 10.737 km 长的路基完全被崩滑堆积体掩埋，占该路段路线总长的 42%(扣除隧道后占 55%)。草坡至汶川段总体受损情况相对轻些，该段有 2.909 km 路基被崩滑堆积体完全或部分掩埋，占该路段路线总长的 9.4%。主要路基震害表现为边坡垮塌、堆积物掩埋公路和砸坏路面，路面开裂，挡土墙倾倒、发生移位等。

G213(映秀到汶川段)路基主要损坏情况如下。

(1) K26+051.59～K26+680

路基基本完好，局部左侧挡土墙有垮塌现象。路基右侧岩质边坡发生大面积崩塌，崩塌堆积物大部分堆积在坡脚，小部分残存于坡面，将公路完全掩埋，路面上堆积厚度为 2～10 m，堆积物以花岗岩孤块石为主，其中可见块径大于 5 m 的孤块石，堆积方量约为5 万 m^3。

(2) K26+680～K27+570

地震后该段路基基本完好，局部路段路面上有纵向和横向裂缝，K27＋380～K27＋405、K27＋520～K27＋545 段路基左侧路肩墙垮塌。

（3）K27＋570～K28＋040

该段崩塌堆积物完全掩埋公路，堆积物以花岗岩孤块石为主，路面上堆积厚度为 2～5 m，堆积方量约为 2 万 m^3。路基基本完好，局部左侧挡土墙有垮塌现象。

（4）K28＋040～K29＋440

地震发生后，该段路基右侧发生大面积的山体崩塌及滑坡，已被两处大型基岩滑坡及崩塌堆积物所掩埋，并于桩号 K28＋200～K28＋700 段形成高约 25～30 m 的堰塞湖。老路路基仅残留约 80 m，其余路基全部被掩埋。

（5）K29＋440～K29＋800

该段路基地形平缓，地震后路基基本完好，路基上有零星堆积的崩塌块石及局部裂缝，堆积方量约为 2 000 m^3，清除崩塌块石及对裂缝进行灌缝处理后可完全利用。

（6）K29＋800～K30＋600

该段路基基本完好，局部左侧挡土墙有垮塌现象。桩号 K30＋100～K30＋250 段正对冲沟，沟内松散堆积物丰富，暴雨时有发生大型泥石流的风险。

（7）K30＋600～K31＋000

该段路基基本完好。路面上局部有纵向和横向裂缝，对裂缝处理后可直接利用。

（8）K31＋000～K31＋260

该段路基右侧岩质边坡发生崩塌，崩塌堆积物完全掩埋公路，堆积物以花岗岩块碎石为主，路面上堆积厚度为 0.5～8 m，堆积方量约为 4 万 m^3。路基基本完好，局部左侧挡土墙有少量垮塌现象。

（9）K31＋260～K34＋100

该段路基基本完好，其大部运行良好，局部路面上有纵向和横向裂缝。

（10）K34＋100～K34＋680

该段路基右侧大部分为岩质边坡崩塌，小部分为土质边坡垮塌，崩塌堆积物将公路完全掩埋，堆积物以花岗岩碎砾石为主，路面上堆积厚度为 1～8 m，堆积方量约为 6 万 m^3。路基基本完好，局部左侧挡土墙有少量垮塌现象。

（11）K34＋680～K35＋700

该段路基基本完好。路面上局部有纵向和横向裂缝，对裂缝进行处理后可利用。

（12）K35＋700～K36＋160

该段路基右侧大部分为岩质边坡崩塌，崩塌堆积物将公路完全掩埋，堆积物以花岗岩碎砾石为主，路面上堆积厚度为 3～8 m，堆积方量约为 3.5 万 m^3。路基基本完好，局部左侧挡土墙有少量垮塌现象。

（13）K36＋160～K36＋600

该段路基基本完好。路面上局部有纵向和横向裂缝，对裂缝进行处理后可利用。

（14）K36＋600～K38＋450

该段路基基本完好。部分路面上有崩塌堆积物。路基左侧局部挡土墙有破坏。路面上局部有纵向和横向裂缝。

（17）K38＋660～K39＋700

该段路基基本完好。部分路面上有少量崩塌堆积物，堆积方量约为 5 000 m^3。清除路基上的堆积物后可直接利用。

(18) K42＋800～K43＋700

该段路基右侧大部分为岩质边坡垮塌，小部分为土质边坡垮塌，崩塌堆积物堆积高度一般为 20～100 m，形成巨大的松散倒石堆，将公路完全掩埋，路面上堆积厚度为 2～10 m，堆积方量约为 20 万 m^3。从残存的路基上看，该段路基大部分已被毁坏，部分段左侧挡土墙有少量垮塌现象。

(19) K49＋202～K51＋560

该段路基左侧大型山体崩塌，边坡类型以土质边坡为主，小部分为岩质边坡，崩塌堆积物将公路完全掩埋，堆积物以花岗岩碎砾石为主，部分为块碎石，部分可见块径大于 5 m 的孤石，路面上其堆积厚度为 2～20 m，堆积方量约为 300 万 m^3。从残存的路基上看，该段路基基本完好，但右侧挡土墙大部分已毁坏或倾倒。

(20) K51＋560～K51＋850

该段公路受损较严重，公路路面破坏严重，堆积的大块石块径可达 4 m，路面上堆积厚度为 2～5 m，堆积方量约为 800 m^3。从残存的路基上看，该段路基基本完好，但左侧挡土墙大部分已毁坏或倾倒。

(21) K53＋268～K54＋250

该段路基基本完好，仅见小碎石零星滚落于公路，其中 K53＋480～K53＋520 段路基中心线处出现不均匀沉降导致的路基开裂现象，裂缝宽度为 1～3 cm，顺公路延伸长度为 30 m，外侧路基有明显下沉。对裂缝进行处理后可直接利用。

(22) K54＋250～K54＋400

该段路基基本完好，右侧边坡垮塌，堆积物掩埋原来老都汶路后堆积于新建公路之上，公路内侧原设挡土墙遭到一定的破坏。垮塌边坡长度约为 150 m，公路外侧可见滚落的大块石(块径达 4 m)，路面上堆积厚度为 1～2 m，估计堆积方量约为 20 000 m^3。

(23) K55＋350～K64＋280

该段路基基本完好。路面上零星可见小碎石，清除即可。路面上局部有纵向裂缝，对裂缝进行处理后可直接利用。

(24) K64＋280～K64＋400

该段路基基本完好，左侧原边坡设有 5 m 高路堑挡土墙，挡土墙局部遭受轻微破坏，地震造成路基挡土墙顶部垮塌。

(25) K70＋900～K71＋450

该段路基基本完好，其中 K71＋000～K71＋050 段右侧边坡垮塌形成 4 m 左右块径的滚石溅落于新建公路路面，砸坏路面、防撞护栏等，边坡垮塌长度约为 50 m，堆积方量约为 1 000 m^3。K71＋300～K71＋450 段边坡垮塌物完全掩埋新建公路路面，垮塌边坡高度约为 80～100 m，部分路面及边沟遭到破坏，内侧挡土墙被掩埋且部分遭到破坏，堆积物质主要为块碎石土，堆积厚度约为 2～4 m。

(26) K72＋900～K73＋300

该段老路路基基本完好。其左侧边坡为松散覆盖层边坡，垮塌物质完全掩埋新建公路。前段(长约 300 m)原坡脚处所设的内挡土墙及被动防护网因边坡垮塌而破坏严重，其中有长约 40 m 防护栏被撞断，堆积物质主要为块碎石土，路面上堆积厚度为 3～5 m，堆积方量约为 10 000 m^3，调查时仍可见坡面不时有碎块石垮塌掉落。后段(长约 100 m)原设有抗滑桩和桩顶被动防护网，地震对该段的破坏较小，仅部分被动防护网遭到破坏。

(27) K73＋300～K74＋780

该段路基基本完好，路面未受到破坏，仅 K74＋140～K74＋220 段左侧有边坡垮塌物掩埋新建公路，垮塌边坡高度约为 60～100 m，堆积物质为块碎石土，路面上堆积厚度为 2～4 m，路面及边沟遭到破坏，垮塌长度约为 80 m，堆积方量约为 3 000 m^3。

(28) K75＋000～K78＋420

该段路基基本完好。仅零星几处有地震造成边坡垮塌堵塞公路及路基开裂现象，主要分布于以下两小段。

① K76＋960～K76＋990 小段路基中心线附近出现不均匀沉降，错落高差约为 20 cm，路面被破坏，沉降路段延伸长约 30 m。对裂缝进行处理后可直接利用。

② K78＋050～K78＋200 小段左侧原设有 3～5 m 高挡土墙，挡土墙顶部边坡垮塌掉落，部分边沟、护栏及路面遭到破坏。

2.3 汶川地震路基结构震害的形式及其原因

对汶川地震路基结构震害的调查结果进行整理分析，总结出汶川地震路基结构震害的形式，主要有路基扭曲沉陷、路基开裂、路基路面隆起破坏、路基滑塌及被砸坏、路基支挡工程破坏等，具体描述如下。G213 典型路基结构震害形式如图 2-2 所示。

(a) 路基开裂　　(d) 挡土墙坍塌

(c) 路基被掩埋　　(d) 路基沉降坍塌

图 2-2　G213(映秀到汶川段)典型路基结构震害形式

(e) 路基滑塌　　(f) 路基被砸坏

图 2-2(续)

(1) 路基扭曲沉陷

这种震害在汶川震区较为普遍，多发生于填方路基及液化场地路基。填方路基压实度不够，又受到水的浸透，在地震中土的抗剪强度急剧降低，从而导致路基失去原有几何形状而沉陷变形。在砂砾土地基上，地震时由于砂砾地基的液化，路基产生不均匀沉降。

(2) 路基开裂

汶川震区最常见的路基开裂方式是纵向开裂，多表现在斜坡半填半挖路基上。由于路基填方部分与挖方部分的压实度存在差异，地震时易沿填挖交界面这一贯通性薄弱面出现裂缝并造成滑移破坏，该类破坏形式也多发生在路肩与行车道之间和新老路基之间。在液化场地上的路基，其纵向裂缝可达到很大规模。桥头路基经常发生横向开裂，其横向裂缝甚至会贯通路基。

(3) 路基路面隆起破坏

在地震面波的作用下，地表波浪起伏，使路基随之起伏变形并在鼓起地段产生众多横向裂缝，严重者可将路面挤走。

(4) 路基滑塌及被砸坏

填方路基由于填方部分压实度达不到要求而容易产生滑塌；另外，当路基填料为卵砾石土时，地震时路基边部易出现松散滑落。高空崩塌落石砸坏路基的案例在汶川地震中普遍存在。

(5) 路基支挡工程破坏

震区路基支挡工程由于地震时地基承载力降低、地基不均匀沉降、土压力增大、施工质量和工艺不同等因素，易出现诸多破坏现象，如坍塌、滑移、失稳外倾、基础脱空、墙面鼓胀等。另外，采用卵石作原料的部分挡土墙在震后基本上成散体状。

通过整理总结汶川地震路基结构震害的特点，发现路基结构的破坏原因主要有以下几种。

① 地基变形引起的破坏。地基变形是引起路基结构破坏极普遍的原因之一。地基在地震过程中发生的滑塌、开裂、隆起以及液化等易引起路基扭曲变形和沉降，从而导致路基结构的破坏，中断交通。在汶川地震以及国内外的一些大地震中均有大量此类震害。

② 振动放大效应引起的破坏。振动放大效应引起的破坏指的是路基结构因加速度过大而发生的破坏。这种情况多发生在高填方路基中，具体表现为路基边坡失稳滑移、

路基整体垮塌和路基开裂等。这在后续振动台试验分析以及震害现场调研中均可得到验证。

③ 特殊路基的破坏。通过汶川地震路基震害调研发现，一些桥头路基和高填方路基等特殊路基因桥台滑移等发生了严重的破坏，这类破坏在地质条件复杂或不良地区发生较多，且其造成的损害程度和修复难度都比较大。如桥台路基填土较高，又受岸边桥台滑移及河水冲刷的影响，其所受震害相对普通路基来说会更为严重。

2.4 路基结构震害的影响因素

汶川地震后，对灾区的路基结构震害进行了广泛的调研。显然，路基结构的地震损毁程度与地震震级以及距离震中远近有直接关系。地震震级越高，震中距越小，路基结构损毁越严重，这是外因。路基结构的震害还取决于自身情况，包括填料类别、结构形式等，这是内因。

2.4.1 路基震害影响因素

(1) 场地条件

路基边坡的破坏与组成边坡的岩体岩性、风化碎裂程度及所处的地质构造等有关。映秀以南和以北分别处于中央断层下盘和上盘，其岩性和风化碎裂程度差异较大，表现出的破坏类型和破坏程度不同。

映秀以北位于北川-映秀断裂上盘，岩体以花岗闪长岩为主，属脆硬性岩石。由于受卸荷和风化作用影响严重，该岩体中裂隙非常发育，在地震扰动下，极易发生大规模的深层松动和崩塌。老虎嘴崩滑体就是深层崩滑造成的。

映秀以南，地层属中至软性岩石，裂隙发育程度不高，裂隙深度相对较浅，在地震影响下岩体发生松动的深度有限，形成的落石规模和崩塌范围相对较小。由此可见，在很大程度上地层岩性的差异决定了地质灾害形成类型和规模的不同。

修筑在坚硬和软弱地基上的填方路基在地震作用下，其振动特性和破坏程度有很大的区别。根据震害调查发现，修筑在坚硬土层上的路基，很少会与地震发生共振，滑动破坏大都发生在路基的顶部；修筑在软弱土层上的路基，可能会与地震发生共振，路基和它的基础地面同时破坏。且根据震害调查发现，在平坦的一类和二类地基上的路基，只要填料及施工质量达到要求并做好排水措施，就具有一定的抗震性能且震害一般较轻微；在软弱地基上的路基由于软土承载能力降低其震害通常较为严重。

(2) 震中距

调查发现，路基破坏程度与震中距有密切关系。从公路路基破坏情况看，距震中和发震断层越近的路基破坏程度越大，映秀、北川、青川、汉旺等区域公路路基的开裂、滑移、鼓胀、下沉等震害非常集中；而远离震中和发震断层的路基破坏则以路基的轻微开裂和鼓胀为主，几乎无路基整体破坏的路段。这与有关研究成果所描述的地质灾害情况类似。

(3) 路基防护类型及处治措施

路基边坡破坏与边坡坡度、防护类型及路基高度、处治措施等因素有关。

① 有无防护措施路基边坡的破坏差异。从汶川地震的路基震害调查情况来看，路基边坡没有采用防护措施的震害程度明显大于采用防护措施的路基边坡，崩塌、滑坡往往出现在没有防护措施的部位。

② 不同防护类型路基边坡的破坏差异。实施了防护工程的路基震害也是有差异的，路基边坡需要根据岩性、风化程度、路基类型等综合选择合适的防护措施。有的路基虽然实施了防护措施，但没有达到防护的目的。比如，路基边坡风化碎裂带较深，采用短锚杆挂网喷混凝土的震害程度比较明显，而采用长锚杆框架梁的震害较轻，震后安全性较高。

(4) 地基液化

地震中喷水冒砂地区路基的震害往往比较严重，该类地区地基岩性主要是饱和的粉细砂或砂砾土，由此构成的不良地基在强震下会发生不均匀沉降，还会由于液化发生喷水冒砂现象，从而进一步破坏路基内部的平衡状态，加重地基的不均匀沉降、开裂及滑塌等。地基液化是地震中路基遭受严重破坏的主要原因之一。

(5) 路基填料

不同填料的路基其抗震能力有很大的差别，选择适当的路基填筑材料能有效提高路基的抗震能力。根据震害调研，填料采用碎石土和普通黏性土的路基震后破坏程度较小，有很大一部分几乎没有震害；而采用砂砾土和软黏土修筑的路基震害较严重，有的甚至发生液化而造成路基彻底损毁。

(6) 路基高度

由汶川地震路基震害资料可以发现，在相同地震烈度和场地条件下，路基的高度越大其地震破坏程度越大，震害程度基本随着路基高度的增大而增加，这一规律在国内外发生的大地震中均得到了验证。

(7) 路基填筑质量

路基填筑质量是影响路基震害程度的一大因素。填土压实度不同，路基的震害程度不同。对汶川地震中受损的路基土样进行试验，结果表明，路基压实度达到最佳压实度 90% 以上时震害较轻，抗震性能较好。

(8) 桥台路基

桥台路基一般较高且深入河滩，可形成较高陡的临空面，因此比一般的填筑路基更容易产生滑塌和不均匀沉降。

2.4.2 路基支挡结构震害影响因素

(1) 地震烈度

大量路基挡土墙的震害调查表明，当地震烈度达到 7 度时，挡土墙可能会开裂、倾覆、滑移甚至坍塌等。可见挡土墙的震害程度受地震烈度的影响显著，震害随地震烈度的增大而加重。

(2) 地质条件

地质条件直接影响地震时挡土墙周围岩土体对挡土墙作用力的方式和大小，而岩土体对挡土墙作用力的方式和大小决定着挡土墙的破坏类型和破坏程度。

(3) 挡土墙的高度

通过汶川震灾区大量挡土墙震害的调研发现，随着挡土墙的高度增大，挡土墙位移、合力的随机地震反应都有增加的趋势，即挡土墙震害程度基本上随着挡土墙高度的增大而增加。

（4）挡土墙的结构类型

通过汶川地震路基震害资料的整理可以发现，在相同地震烈度和场地条件下，不同的挡土墙结构类型其震害程度有一定的差异，圬工挡土墙的抗震能力较钢筋混凝土重力式挡土墙的弱，该类重力式挡土墙的抗震能力较加筋土等柔性挡土墙的抗震能力弱。

（5）挡土墙结构的抗震能力

挡土墙是否有排水管或反滤层等排水设施，是否配有钢筋等材料，这些均可反映挡土墙的抗震能力强弱。抗震能力越强，可以承受的地震能量越大。

2.5 路基结构震害的评估处治

公路作为生命线工程，在震后救灾中起着巨大的作用。在地震灾害发生以后，迅速救援，及时将救援人员、救灾物资等送到震灾区，对减少灾区人民的伤亡起着关键作用。因此，评估生命通道安全性就显得极为重要。

路基结构作为公路系统的重要组成部分，必须经过安全评估并配套相应的措施，从而保证生命通道的畅通。路基结构的调查评估分两个阶段，分别为快速调查阶段和调查检测阶段。第一阶段为抢险救灾阶段的应急快速调查，主要评价路基结构是否满足应急通行要求；第二阶段为保通阶段的调查检测，为灾区恢复重建时公路的修复加固提供基础资料。

2.5.1 抢险救灾阶段路基结构震害的评估处治

在抢险救灾阶段对路基结构震害的安全评价主要采用宏观变形迹象评判法，该方法是一种包含统计和类比思想的分析方法，它以定性描述和半定量分析为主，根据路基及其支挡结构的宏观变形迹象来评判安全程度。这一方法首先就是调研，包括现场调研和文献调研两个方面。

汶川地震发生后，进行了路基及其支挡结构震害资料的收集，掌握了灾区公路路基及其支挡结构震后破坏图片及文字描述（如汶川地震公路震害调查图集、相关会议资料等），总结了灾区公路路基及其支挡结构的震后破坏类型，并整理国内外震害破坏特征及破坏等级划分方法。在此基础之上，归纳了路基及其支挡结构震害破坏等级划分的流程及方法。

路基结构震害的现场调研是震害破坏等级划分的基础也是首要步骤。地震发生后，应立即对路基进行调研检查以确认路基的安全性，掌握路基的震后现状，发现对路基结构安全和功能有影响的不利因素，根据不利的程度尽早采取对策并及时处理，确保路基的安全，从而保障公路交通顺畅。震后路基结构的调查对象主要包括路基边坡、地基、路面、排水系统和支挡结构等，其具体调查内容见表 2-2，根据调查结果按表 2-3 的规定分为 3 类进行评估。

表 2-2 震后抢险救灾阶段路基结构调查内容

调查对象	调查内容
路基	坑槽(深度、成因、面积);裂缝(长度、宽度、间距、错坎高度);整体沉降情况;排水设施完善程度,路面湿润程度;路面变形破坏情况;路基边坡坡面变形破坏情况;路基边坡坡脚及地基变形情况;路基边坡含水状况;地表排水系统运行状况
支挡结构	表观完整性;变形移动特点(平移、旋转);与支挡结构关联的岩土体变形破坏情况;岩土体特征指标;岩土体赋存环境指标

表 2-3 震后抢险救灾阶段路基结构检测结果的评估

路基安全等级	评估分类	损害程度	损害状况	交通措施
无立即危险	S	无异常	通过肉眼观察没有发现异常情况,路基基本完好,路基表面及挡土墙无明显破坏,震后无须修补	正常通行
		轻微异常	肉眼能观察到挡土墙墙面轻微开裂,路面有细微裂缝和轻微凹陷鼓胀现象,不影响正常使用,对交通没有影响,震后暂时无须修补	
危险	B	异常	路基表面破坏情况较明显,路面有开裂错台、凹凸鼓胀现象,裂缝宽度较小,路堤边缘有小范围垮塌现象,路堑边坡落石剥落至路面,造成行车不便,经简单处理能顺利通车;支挡结构有墙面剥落、勾缝错动、钢筋外露、伸缩缝错动等现象,对交通有影响	管制通行
	A	异常显著	路基表面破坏情况明显,路面开裂明显,路面错台严重,裂缝宽度较大,路面凹凸鼓胀导致路面损坏,路堤垮塌、侧移,边坡崩塌落石砸落至路面,边坡滑坡掩埋路面,行车空间狭小或无法通行;挡土墙边坡滑塌、挡土墙滑移或倾覆、挡土墙基础脱空等,经过一定时间清理才能恢复通车	禁止通行

发生地震后,快速调查的主要目的就是确认路基结构的安全性,从而及时进行赈灾救援。因此,调查方法要快速便捷,针对性强。采取的调查方法主要有以下 3 种:

① 目视检测方法:在震灾现场徒步近距离检查。在调查检测过程中,除用肉眼仔细观察外,还应结合先进的光学仪器进行检测,如裂缝观测仪、全站仪及数码相机等,从而为判定路基结构安全性提供准确的检测数据。

② 无损检测方法:依据目视检测结果,对所明确的重点检测部位进行便携式地质雷达检查,判定路基结构内部的裂隙发育状况。

③ 设计资料调研:这可以得出一些详细信息,包括挡土墙和基础的尺寸、回填土几何形状、排水条件和墙趾埋置深度等。通过设计资料与现场的调研检测可发现路基结构的异常。

根据震后应急安全评估结果,对不同交通措施的路基结构提出不同处治建议:

① 正常通行:此类路基在应急状态下可正常通行,但需加强观测。若应急运营中路基挡土墙病害发展,路基结构应急安全评估等级可能发生改变,就需要采取针对性措施保证

其短期安全性。路基病害处治需要进行详细检测，并制定针对性方案。

② 管制通行：在应急保通条件下可采取临时措施恢复路基结构部分服务功能。此类路基在限制条件下满足应急交通需求，但需要进一步观测，保障其短期安全性。

③ 禁止通行：因路基挡土墙坍塌等而不可通行的道路可采取绕道和搭设便桥等应急措施保证应急通道畅通。

2.5.2 恢复重建阶段路基结构震害的评估处治

这一阶段对路基结构震害的安全评估主要是指，在抢险救灾阶段路基结构震害安全评估的基础上，选出需要进一步详细评价的路段，通过震后路基填土的土性参数重新测定、路基稳定性计算、挡土结构土压力计算、挡土结构抗倾覆验算、挡土结构抗滑移验算、地基承载力测定以及进一步位移量控监测等方法来判断路基结构的安全程度。其具体检测内容见表 2-4，根据其检查结果按表 2-5 所示的规定分 3 类进行评估。

表 2-4　震后恢复重建阶段路基结构评估内容

评估对象	评估内容
路基	路基填土的土性参数；路基的稳定性系数；地基的承载力；监测路基变形趋势的稳定性
支挡结构	挡土结构的土压力；挡土结构的抗倾覆能力；挡土结构的抗滑移能力；监测挡土结构的位移发展趋势

表 2-5　震后恢复重建阶段路基结构检测结果的评估

路基状态	损害程度	损害状况
不需要修复或只需要稍微修复	无异常	抢险救灾阶段检测结果为 S 类：路基经稳定性验算合格，地基承载力满足要求，挡土墙抗倾覆抗滑移均满足要求，经监测路基及其支挡结构无进一步变形趋势
	轻微异常	抢险救灾阶段检测结果为 S 类：肉眼能观察到轻微挡土墙墙面开裂，路面有细微裂缝，路基经稳定性验算合格，地基承载力满足要求，挡土墙抗倾覆抗滑移均满足要求，经监测路基及其支挡结构无进一步变形趋势
需要修复加固	异常	抢险救灾阶段检测结果为 S 类：路基经稳定性验算基本合格，地基承载力基本满足要求，挡土墙抗倾覆或抗滑移不满足要求，经监测路基及其支挡结构有进一步变形的趋势。 抢险救灾阶段检测结果为 B 类：路基经验算满足稳定性要求，地基承载力基本满足要求
需要重建	异常显著	抢险救灾阶段检测结果为 S 类：路基经稳定性验算不合格，地基承载力不满足要求，挡土墙抗倾覆或抗滑移不满足要求，经监测路基及其支挡结构有进一步变形的趋势。 抢险救灾阶段检测结果为 B 类：路基经验算不满足稳定性要求，地基承载力不满足要求。 抢险救灾阶段检测结果为 A 类

综合震后路基及其支挡结构的应急安全评估结果和重建阶段安全评估结果，对不同的路基震害提出了相应的处治建议：

① 对于软基路段的路堤坍塌病害或因路基主体与边部碾压质量差别大而造成的边坡溜坍病害，将坍塌部分清理后可在破坏面上开挖台阶，然后按照《公路路基施工技术规范》(JTG/T 3610—2019)以分层填筑或支挡回填的方式予以恢复，同时可适当加铺土工格栅以加强新旧填筑路基的衔接，防止薄弱面的出现。

② 对于路基沉降下陷等病害，主要可采取灌沙或高压注浆措施填充路基下部空洞，对路基沉降部分给予回填压实，根据路面相关规范对上部路面进行详细的技术处理，当难以处理时需要重铺路面。

③ 对于路基开裂、整体稳定性存在问题的路基边坡，应在收集资料的基础上，针对不同的路基岩土特性和路基高度进行详细的勘察并进行相应的计算分析，视分析结论合理选用护脚矮挡土墙(针对土质边坡)、抗滑挡土墙、主动防护网、框架锚杆、抗滑桩等进行加固处理，并作进一步的变形观测。

④ 对于已有的支挡结构(如挡土墙、抗滑桩、框架锚索等)，应进行详细检测，并根据检测评估结果采取相应的加固措施。对墙面鼓胀变形、外倾的挡土墙可采取在墙面增设框架锚杆的方式作加固处理；对垮塌等破坏严重的挡土墙可作拆除重建处理；对基础脱空的挡土墙可选择性采取混凝土短柱加固、扩大墩基础、浆砌片石嵌补等处理措施。在变形的抗滑桩桩顶增设锚索、在桩周增加抗滑桩，对松动的框架锚索作补充张拉。可根据支挡结构的损毁情况采取上述多种加固处理措施进行综合治理。

⑤ 对于地震灾害特别严重路段，应考虑改线绕避方案，尽量避开地质不良及次生灾害频发地段，条件不允许则考虑综合整治处理。

3 路基振动台模型试验

本章主要叙述结合填方路基振动台模型试验开展的研究工作及取得的研究成果。在该试验开始前做了充分的准备，对试验过程中可能会面临的难题逐项进行了专题研究，并通过试验或理论研究分别提出了解决办法，尽可能地使试验取得的数据具有较大的可信度。

填方路基及其支挡结构的振动台模型试验研究有以下 3 个主要目的：

① 探讨采用振动台模型试验研究填方路基及其支挡结构地震动力反应的途径和方法，所得有关模型路基的地震动力反应性状和动力破坏特征等资料，可以作为验证和改进填方路基地震动力反应计算模式和分析方法的基本资料。

② 进行填方路基振动台模型相似律的研究，进行地球重力场条件下路基振动台模型试验相似参数的研究与设计。

③ 根据填方路基振动台模型试验结果，探讨填方路基的抗震性能，找出路基结构抗震薄弱部位并根据震害特征提出可能的有效加固工程措施。

根据该试验的特性和目的，首先介绍了振动台模型试验装置及模型箱的设计，并对路基模型边界条件的处理和相似关系进行了分析。然后，在已有研究成果基础上结合本次试验确定了模型的相似关系，并确定了模拟路基的试验材料；同时，在分析路基结构受力变形形态与平面应变假设的基础上，确定了振动台模型试验测点的布置方案，最后根据振动台模型试验目的，编制了振动台模型试验的加载制度。

本次振动台模型试验的过程表明，本章叙述的试验设计对本次试验工作的顺利开展起到了指导作用。

3.1 试验设备

3.1.1 振动台特性、参数及设备性能

本次试验在招商局重庆交通科研设计院有限公司具有世界先进水平的大型振动台上进行，该振动台是大型三轴向六自由度地震模拟试验台阵。

该振动台主要由基础、台面、液压机械和各种控制系统组成，同时配备可阵列式处理的数控装置，并能生成各种类型振动波形，可以采用位移或加速度两种方式控制台面运动进行试验，其总体框架如图 3-1 所示。

试验控制、数据采集和数据处理全部通过操作计算机进行，振动台的主要性能参数如表 3-1 所示。

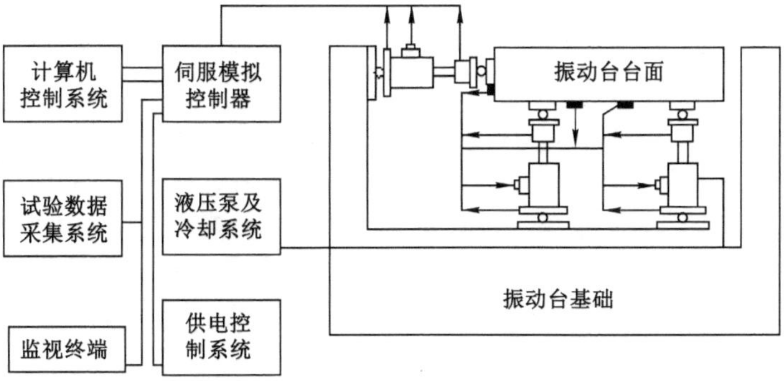

图 3-1　振动台总体框架

表 3-1　振动台的主要性能参数

技术参数		固定台	移动台
台面尺寸/m		3×6	3×6
最大试件质量/t		35	35
最大抗倾覆力矩/(t·m)		70	70
最大回转力矩/(t·m)		35	35
工作频率范围/Hz		0.1～50	0.1～50
X 方向可移动距离/m		0	2.0～20.0
最大位移/mm	*X* 向	±150	±150
	Y 向	±150	±150
	Z 向	±150	±150
最大速度/(mm/s)	*X* 向	±800	±800
	Y 向	±800	±800
	Z 向	±600	±600
最大加速度	*X* 向	±1.0*g*	±1.0*g*
	Y 向	±1.0*g*	±1.0*g*
	Z 向	±1.0*g*	±1.0*g*

3.1.2　数据采集系统的选择

在振动台模型试验中采集数据需要许多传感器和测试仪器，不同试验的试验目的和试件特征等内容都相差很大，所以使用的仪器在种类和数量上不尽相同。目前振动台的试验数据采集和处理都实现了计算机化，这样不仅有利于试验数据的保存，而且可为下一步的试验数据处理提供先决条件。

本次试验关注的路基结构地震动力反应问题，主要是指振动荷载作用下路基结构不同部位加速度、位移的响应情况，尤其是加速度的响应情况。试验中主要利用加速度传感计记录路基结构不同部位的响应加速度值，并利用摄像机拍摄振动过程中路基结构的变形破坏情况。

为了满足地震模拟试验的需要，实验室配置了一整套的数据采集、振动测试和设计分析系统：48 通道便携式动态数据采集系统，该系统是从瑞士 KISTLER 公司引进的产品。128 通道动态数据采集和振动测试分析系统，是目前国际上功能特别强、技术特别先进的动态数据采集和振动测试分析系统之一，该系统具有数据采集和存储、常规信号分析处理和模态分析、工作模态分析、瞬态信号分析等功能。加速度计采用压电式传感器东华 DH301，其量程为 0.01g～2.5g，其外形尺寸为 12 mm×14 mm×8 mm，可同时监测三个方向的加速度变化，可用于测量路基的加速度。位移计采用拉线式位移传感器开思 KS20-200-05-C12，量程为－10～10 cm，可用于测量路基表面的竖向及横向位移。土压力计采用 DBY-1 型侧出线传感器，其外形尺寸为 30 mm×15 mm，其量程为 0～0.2 MPa。

3.1.3 模型箱设计

由于土本身材料特征的复杂性以及地震波在土中传播的复杂性，完全模拟土的边界条件是很困难的。如何减少模型箱边界的波动反射，是振动台模型试验的关键和难点。成功的模型箱设计要求边界条件对整个系统的影响最小并可使模型土在模型箱中能再现自由场的地震反应。

在动力试验中，边界条件对土变形的限制以及地震波的反射都会对结果产生严重影响，即“模型箱效应”。在振动台模型试验中，理想的模型箱应该满足以下 2 个条件：

① 模型箱能够正确模拟土的边界条件。

② 模型箱能够准确模拟土的剪切变形特性。

根据试验要求并结合试验采用的振动台设备的实际情况，选用的模型箱（图 3-2）尺寸为 3.2 m×2.8 m×2.45 m（长×宽×高）。

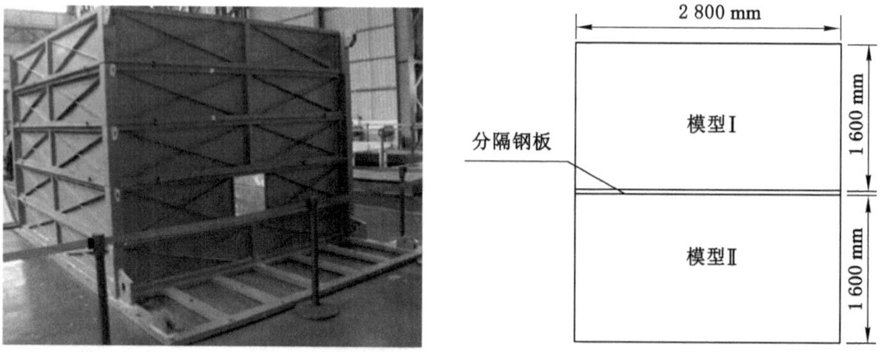

(a)　　(b)

图 3-2　模型箱

本次试验所采用的模型箱属于刚性模型箱，模型箱四周用 5 mm 厚钢板作围护，主体框架由等边角钢焊接而成。为方便模型的制作，将模型箱分为 5 层，第一层为 45 cm，其他各层均为 50 cm，层与层之间用螺栓铆固。底座外围采用截面 100 mm×50 mm 的空心钢并焊接成格状，应预留螺栓孔以便与振动台台面连接。

模型边界处理如图 3-3 所示。无论采用何种类型的模型箱，距离边界较近区域的反应受边界影响较大，而距离边界较远区域的反应受边界影响较小(如中心区域)。因此，设计的模型箱应使受边界影响较小的中心区域范围较大，并将振动台模型尽可能地置于该范围内。楼梦麟及其团队的研究结果表明，当模型平面尺寸与地基尺寸之比较小时，因边界效应引起的误差是趋于稳定的。伍小平及其团队的研究结果表明，距离模型箱边界 40 mm 处受边界效应影响很小，可以忽略。

(a) (b)

图 3-3 模型边界处理

本试验综合采取下述措施处理模型箱边界效应，减少边界效应对振动台模型试验结果的影响：一是控制模型的平面尺寸；二是在容器的内侧设置海绵来吸收两侧地震波的反射，从而逼近实际场地土层的边界条件。

在选择模型箱内衬材料时，考虑了如下因素：

① 尽量采用高阻尼材料，减弱对地震波的反射。

② 尽量采用柔韧性好的材料，使其既能为模型提供一定的约束，又可为模型材料剪应变的发展减小阻碍。

③ 选用表面光滑的材料，使其与其他物体接触时的摩擦力较小。

综合考虑实验室设备情况和试验要求，本次试验中的内衬材料选择防水海绵作为减震层，其厚度为 20 mm，在其表层覆一层聚乙烯塑料薄膜以解决接触面上的摩擦问题(图 3-3)。

3.2 填方模型路基一般相似关系

填方路基振动台模型试验的主要目的之一，就是在模型路基上对原型路基在动静荷载作用下的力学现象进行相似模拟，测量模型路基中的加速度和位移等物理量，再通过一定的相似关系推算到原型路基上，这就是模型的相似律。一方面，相似律规定了将模型试验规律和结果推算到原型路基上的法则；另一方面，相似律规定了原型和模型之间须满足的相似条件。

根据相似律，原型路基和模型路基动力相似的充分必要条件是这两个动力学物理过程的单值性条件相似，并使得由单值量组成的相似准则相等。对于路基，要求原型和模型分别满足在地震动力作用下的单值性条件相似，包括几何条件、运动条件、物理条件、动力平衡条件和边界条件等。

3.2.1 几何条件

几何条件相似要求原型路基和模型路基的几何尺寸及空间上的相应位置保持相似。原型路基和模型路基的长度 L、面积 A 和体积 V 之间分别有以下关系：

$$\begin{cases} A = L^2 \\ V = L^3 \end{cases} \tag{3-1}$$

3.2.2 运动条件

原型和模型空间对应点在对应时刻上速度的大小成比例、方向一致就是运动条件相似。原型路基和模型路基的速度、加速度和位移应分别满足以下关系：

$$\begin{cases} [\dot{u}] = \dfrac{\mathrm{d}[u]}{\mathrm{d}t} \\ [\ddot{u}] = \dfrac{\mathrm{d}[\dot{u}]}{\mathrm{d}t} = \dfrac{\mathrm{d}^2[u]}{\mathrm{d}t^2} \\ [u]^{\mathrm{T}} = [u_x, u_y, u_z] \end{cases} \tag{3-2}$$

式中 t——时间；

$[u]^{\mathrm{T}}$——土体位移向量。

3.2.3 物理条件

物理条件相似就是原型路基和模型路基的物理力学特性以及相应的力学响应必须相似。原型和模型分别满足下列关系：

① 土体有效应力原理为：

$$\begin{cases} [\sigma'] = [\sigma] - [m]p \\ [m]^{\mathrm{T}} = [1,1,1,0,0,0] \\ [\sigma]^{\mathrm{T}} = [\sigma_x, \sigma_y, \sigma_z, \tau_{xy}, \tau_{yz}, \tau_{zx}] \\ [\sigma']^{\mathrm{T}} = [\sigma'_x, \sigma'_y, \sigma'_z, \tau'_{xy}, \tau'_{yz}, \tau'_{zx}] \end{cases} \tag{3-3}$$

式中 $[\sigma]^{\mathrm{T}}$——土体单元总应力向量；

$[\sigma']$——土体单元有效应力向量；

P——孔隙水压力。

② 土体变形几何方程为：

$$\begin{cases} [\mathrm{d}\varepsilon] = [L][\mathrm{d}u] \\ [L]^{\mathrm{T}} = \begin{bmatrix} \dfrac{\partial}{\partial x} & 0 & 0 & \dfrac{\partial}{\partial y} & 0 & \dfrac{\partial}{\partial z} \\ 0 & \dfrac{\partial}{\partial y} & 0 & \dfrac{\partial}{\partial x} & \dfrac{\partial}{\partial z} & 0 \\ 0 & 0 & \dfrac{\partial}{\partial z} & 0 & \dfrac{\partial}{\partial y} & \dfrac{\partial}{\partial x} \end{bmatrix} \\ [\varepsilon]^{\mathrm{T}} = [\varepsilon_x, \varepsilon_y, \varepsilon_z, \gamma_{xy}, \gamma_{yz}, \gamma_{zx}] \end{cases} \tag{3-4}$$

式中 $[\varepsilon]^{\mathrm{T}}$——土体单元应变向量；

$[L]^{\mathrm{T}}$——土体长度矩阵。

③ 土体本构关系：以应力-应变关系的切线或割线模量[D]表示，有以下本构关系：

$$[\mathrm{d}\sigma']^{\mathrm{T}} = [D][\mathrm{d}\varepsilon] \tag{3-5}$$

$$[D] = \begin{bmatrix} K+\frac{4}{3}G & K-\frac{2}{3}G & K-\frac{2}{3}G & 0 & 0 & 0 \\ K-\frac{2}{3}G & K+\frac{4}{3}G & K-\frac{2}{3}G & 0 & 0 & 0 \\ K-\frac{2}{3}G & K-\frac{2}{3}G & K+\frac{4}{3}G & 0 & 0 & 0 \\ 0 & 0 & 0 & G & 0 & 0 \\ 0 & 0 & 0 & 0 & G & 0 \\ 0 & 0 & 0 & 0 & 0 & G \end{bmatrix}$$

$$K = E/3(1-2\mu)$$

$$G = E/2(1+\mu)$$

式中　$[D]$——由土体单元应力-应变本构关系决定的切线或割线模量矩阵；

K——土体应力-应变关系切线或割线体积模量；

G——土体应力-应变关系切线或割线剪切模量；

E——土体应力-应变关系切线或割线弹性模量；

μ——土体应力-应变关系切线或割线泊松比。

3.2.4　动力平衡条件

土体动力平衡方程为：

$$[L]^{\mathrm{T}}[\sigma] + \rho[g] = \rho[\ddot{u}] \tag{3-6}$$

$$[g]^{\mathrm{T}} = [0, -g, 0]$$

式中　ρ——土体天然密度；

$[g]^{\mathrm{T}}$——重力加速度矩阵。

3.2.5　边界条件

根据边界条件并对边界条件进行相似变换，可得到满足边界相似的条件。

路基与挡土墙边界条件为：

$$[u]_{\mathrm{s}} = [u]_{\mathrm{r}} \tag{3-7}$$

式中　s——土体；

r——挡土墙。

3.2.6　相似常数

假定填方路基原型与填方路基模型物理力学现象相似，原型和模型对应物理量有以下相似常数。

① 原型与模型之间的几何相似比 C_l 为：

$$C_l = \frac{L_{\mathrm{p}}}{L_{\mathrm{m}}} = \frac{[x]_{\mathrm{p}}}{[x]_{\mathrm{m}}} \tag{3-8}$$

式中　p——原型；

m——模型。

② 土体位移相似常数 C_u、速度相似常数 $C_{\dot{u}}$ 和加速度相似常数 $C_{\ddot{u}}$ 分别可表示为：

$$C_u = \frac{[u]_p}{[u]_m}, C_{\dot{u}} = \frac{[\dot{u}]_p}{[\dot{u}]_m}, C_{\ddot{u}} = \frac{[\ddot{u}]_p}{[\ddot{u}]_m} \tag{3-9}$$

③ 土体应力相似常数为 C_σ，土体应变相似常数为 C_ε，土体切线或割线模量相似常数包括 C_G、C_E、C_D 和 C_K，泊松比相似常数为 C_μ，它们分别可表示为：

$$C_\sigma = \frac{[\sigma]_p}{[\sigma]_m}, C_\varepsilon = \frac{[\varepsilon]_p}{[\varepsilon]_m}, C_G = \frac{[G]_p}{[G]_m} \tag{3-10}$$

$$C_E = \frac{[E]_p}{[E]_m}, C_D = \frac{[D]_p}{[D]_m}, C_K = \frac{[K]_p}{[K]_m}, C_\mu = \frac{[\mu]_p}{[\mu]_m} \tag{3-11}$$

④ 土体时间相似常数 C_t、重力加速度相似常数 C_g 和密度相似常数 C_ρ 分别可表示为：

$$C_t = \frac{t_p}{t_m}, C_g = \frac{[g]_p}{[g]_m}, C_\rho = \frac{\rho_p}{\rho_m} \tag{3-12}$$

3.2.7 相似条件

对上文所述的几何条件、运动条件、物理条件、动力平衡条件和边界条件进行原型和模型之间的相似变换，可以得到原型路基与模型路基之间的相似律。

① 几何相似条件：将式(3-8)代入式(3-1)进行相似变换，可得到如下几何相似条件：

$$C_A = C_l^2, C_V = C_l^3 \tag{3-13}$$

式中 C_A——面积相似常数；

C_V——体积相似常数。

② 运动相似条件：将式(3-9)代入式(3-2)进行相似变换，可得到如下运动相似条件：

$$C_{\dot{u}} = \frac{C_u}{C_t}, C_{\ddot{u}} = \frac{C_{\dot{u}}}{C_t} \tag{3-14}$$

③ 物理相似条件：将式(3-10)和式(3-11)代入式(3-3)至式(3-5)进行相似变换，可得到的物理相似条件为：

$$\begin{cases} C_\mu = 1 \\ C_E = C_G = C_K = C_D \\ C_u = C_l C_\varepsilon \\ C_\sigma = C_D C_\varepsilon \end{cases} \tag{3-15}$$

④ 动力相似条件：将式(3-12)代入式(3-6)，可得到如下动力相似条件：

$$C_\sigma C_l^{-1} = C_\rho C_g = C_\rho C_{\ddot{u}} \tag{3-16}$$

⑤ 边界相似条件：对式(3-7)进行相似变换，可得到如下边界相似条件：

$$C_u = C_{u,r} \tag{3-17}$$

式中 C_u——位移相似常数；

$C_{u,r}$——挡土墙位移相似常数。

3.3 振动台模型路基的相似律

模型设计的内容主要包括：根据相似条件确定模型的相似常数，然后根据相似常数选择模型材料。

路基填土是散粒体结构，土体骨架不稳定，其工程力学特性十分复杂，尤其在动载作用下当应变水平很低时就开始出现非线性，在剪切作用下还将出现胀缩性及变形的滞后性。这些性质随着土石料的颗粒形状、矿物成分、粒径、密度、应力状态、饱和状态、加载水平和荷载频率等的变化而变化。目前还缺乏能全面考虑这些特性和影响因素的土石料本构关系模型，因此，要研制出一种能兼具上述土石料力学性质的模型材料，无论是在技术方面还是在时间和经费方面目前都不现实。因此，本研究以实际填土的土石料为原型路基填土的主要模拟材料。这也是土工试验中确定实际路基填土材料静力特征和动力特性的惯用方法。

在重力场下采用原型路基填土进行振动台模型试验，可以确定如下相似常数之间的关系，以满足原型与模型路基之间的相似律。

① 填土材料的抗剪强度满足莫尔-库仑定律：

$$\tau_f = \sigma\tan\varphi + c \tag{3-18}$$

为了使模型路基破坏现象相似，要求原型和模型路基填土材料之间满足抗剪强度相似条件，故设：

$$C_{\tau_f} = \frac{\tau_{f,\mathrm{p}}}{\tau_{f,\mathrm{m}}},\quad C_\varphi = \frac{\varphi_\mathrm{p}}{\varphi_\mathrm{m}},\quad C_c = \frac{c_\mathrm{p}}{c_\mathrm{m}} \tag{3-19}$$

将式(3-19)代入式(3-18)进行相似变换，则有：

$$C_{\tau_f} = C_\sigma C_\varphi = C_c$$

由于要求：

$$C_{\tau_f} = C_\sigma = C_c$$

因此，必须有：

$$C_\varphi = 1$$

② 在地球重力场条件下进行振动台试验，原型和模型的重力加速度相等，则由土体动力平衡相似条件式(3-16)可知：

$$C_{\ddot{u}} = C_g = 1$$

③ 考虑原型路基和模型路基的几何相似条件，假定两者对应点的侧压力系数及泊松比相同，路基深度为 h 处的某点垂直应力为 σ_v，设：

$$C_{\sigma_\mathrm{v}} = \frac{\sigma_{\mathrm{v,p}}}{\sigma_{\mathrm{v,m}}},\quad C_l = \frac{h_\mathrm{p}}{h_\mathrm{m}}$$

则有：

$$C_{\sigma_\mathrm{v}} = \frac{\rho_\mathrm{p} g h_\mathrm{p}}{\rho_\mathrm{m} g h_\mathrm{m}} = C_\rho C_l \tag{3-20}$$

④ 地震作用下路基结构的变形主要是地面垂直向上传播的剪切波造成的。前人的试验研究结果表明，当应变较小时，高应力和低应力状态下土石料的应力-应变关系存在相似性。当只考虑路基剪切变形时，路基填土的动剪应力-应变关系可采用经验公式表示：

$$\frac{G}{G_{\max}} = f_1\left(\frac{r}{r_\mathrm{r}}\right), \xi = f_2\left(\frac{r}{r_\mathrm{r}}\right) \tag{3-21}$$

$$G = \frac{\tau}{r}, G_{\max} = AP_\mathrm{a}\left(\frac{\sigma}{P_\mathrm{a}}\right)^{\frac{1}{2}}, A = 625\,\frac{O_\mathrm{CR}^k}{0.3+0.7e^2} \tag{3-22}$$

$$r_r = \frac{\tau_{max}}{G_{max}} \tag{3-23}$$

$$\tau_{max} = \left\{\left[\frac{(1+K)}{2}\sigma_v \sin\varphi + c\cos\varphi\right] - \left[\frac{1-K}{2}\sigma_v\right]^2\right\}^{\frac{1}{2}} \tag{3-24}$$

式中 G_{max}——小应变时土体单元的最大剪切模量；

P_a——大气压力，P_a=98 kPa；

A——与土体密度有关的无量纲系数；

e——孔隙比；

G——对应剪应力和剪应变时的割线剪切模量；

ξ——剪应变 r 时的阻尼比；

r_r——参考剪应变；

O_{CR}——超固结比；

k——与塑性指数 I_p 有关的常数，当 I_p 分别取 0、20、40、60、80 和不小于 100 的数值时，k 分别取 0、0.18、0.31、0.41、0.48 和 0.50；

K——侧压力系数；

τ_{max}——极限抗剪强度。

对式(3-21)至式(3-24)进行原型与模型的相似变换，并考虑同类物理量相似常数相等，则容易得到以下相似关系：

$$C_\sigma = C_\tau, C_\varepsilon = C_r, C_G = C_{G_{max}}$$

$$C_r = C_{r_r}, C_\xi = 1$$

$$C_G = C_{G_{max}} = C_A C_\rho^{\frac{1}{2}} C_l^{\frac{1}{2}}$$

$$C_\tau = C_{\tau_{max}} = C_\sigma = C_\rho C_l = C_c$$

$$C_\varphi = 1$$

$$C_r = C_\tau C_G^{-1} = C_\rho^{\frac{1}{2}} C_l^{\frac{1}{2}} C_A^{-1}$$

考虑几何相似条件[式(3-13)]和运动相似条件[式(3-14)]，有：

$$C_u = C_l C_\gamma = C_\rho^{\frac{1}{2}} C_l^{\frac{3}{2}} C_A^{-1}$$

$$C_{\dot{u}} = C_\rho^{\frac{1}{2}} C_l^{\frac{3}{2}} C_A^{-1} C_t^{-1} = C_\rho^{\frac{1}{4}} C_l^{\frac{3}{4}} C_A^{\frac{1}{2}}$$

$$C_{\ddot{u}} = C_\rho^{\frac{1}{2}} C_l^{\frac{3}{2}} C_A^{-1} C_t^{-2} = 1$$

$$C_t = C_\rho^{\frac{1}{4}} C_l^{\frac{3}{4}} C_A^{-\frac{1}{2}}$$

3.4 模型材料的选配

在模型试验研究中，如何配比符合相似关系的模型材料一直是研究工作的重点和难点。例如，在对混凝土结构进行的振动台模型试验中，目前还没有研究配制出一种完全符合相似关系的模型材料，大都采用微粒混凝土进行模拟。以往的研究成果表明，在这种情况下虽然无法精确模拟原型结构的地震动力反应，但仍能大致反映原型结构的地震动力反应，并得到一些动力反应的变化规律。由于土体材料的物理力学性质十分复杂，在应变水平较低时就开始出现非线性特征，并且其性质随土体材料的组分、应力状态、荷载水平和加载频率、历时和历史等的变化而变化，找到一种能全面考虑这些特性和影响因素的模拟材料更加困难。因此，在土工振动台模型试验研究中，通常根据研究问题的重点使土体材料的主要物理力学性质指标基本符合相似关系。本节拟在路基填土动力特性研究分析的基础上，结合模型相似关系确定振动台试验路基模型的填土材料，从而为后续振动台试验模型土的配置及数值分析提供依据。

3.4.1　原状土的动力特性

（1）土的动应力-应变关系特性

土的动应力-应变关系也称土的动力本构关系，是了解土体在动荷载作用下土体动力特性的基础，也是数值分析等动力计算的前提。土在周期动荷载作用下的动应力-应变关系有三个特点：即非线性、滞后性和变形累积性。在周期性荷载作用下，一个周期内土的应力-应变关系曲线成为一个滞回圈，如果将不同幅值下的动应力-应变关系分别画出来，则可得到多个形状相仿的应力-应变滞回圈（图 3-4）。滞回圈顶点的轨迹就是土的应力-应变骨架曲线，它代表了每一周往返应力作用下土的最大剪应力与最大剪应变之间的关系。由图 3-4 可知，土的动应力-应变关系具有明显的非线性；滞回圈显示了土的黏性特性，动应变滞后于动应力；土体在受荷过程中会产生塑性变形，这部分变形在周期性荷载作用下逐渐累积，随着荷载往复次数的增加，变形愈来愈大，且滞回圈中心不断移动，反映了土对往复荷载作用的累积效应。

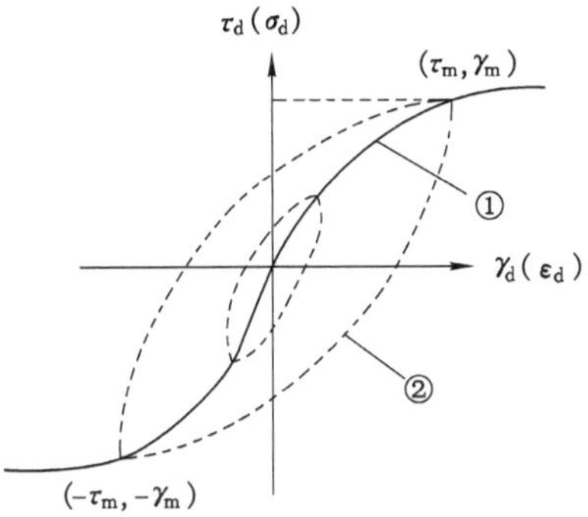

图 3-4　土的动应力-应变关系曲线

（2）土的动应力-应变关系力学模型

在土的动应力-应变关系研究中，建立了多种类型的动力模型，包括动黏弹性模型、等效动黏弹性模型和动弹塑性模型等。动黏弹性模型主要包括 Konder、Hardin 等分别给出的双曲线模型、Martin-Seed-Davidenkov 模型；等效动黏弹性模型将土体视为黏弹性的，采用等效剪切模量 G 和等效阻尼比 ξ 来反映土的动应力-应变关系的非线性和滞后性，这种模型具有概念明确、应用方便的特点，因此最为常用；弹塑性模型根据塑性变形过程中屈服面的硬化规律定量地简化塑性硬化模量场，从而计算塑性变形量，主要有 Iwan 提出的并由 Prevost 等改进的多屈服面模型和 Prevost 提出的边界面模型，但这些屈服面理论都不同程度地存在着参数测定困难且理论描述复杂等特点，因此在工程中未能得到广泛的应用。

在工程实践中，考虑土的动力非线性特性时大多采用等效线性动黏弹性模型，可用一个参数和两条曲线表示该模型：最大动剪切模量 G_{max}、割线动剪切模量 G 随剪应变幅值 γ_a 增大而减小的 G/G_{max}-γ_a 衰退曲线和阻尼比 ξ 随剪应变幅值 γ_a 增大而增大的 ξ-γ_a 曲线。

参数 G_{max}、曲线 G/G_{max}-γ_a 和曲线 ξ-γ_a 的性态受多种因素影响，许多研究者对此问题做过大量的研究，陈国兴等曾对国内外在该方面的研究成果进行过系统的总结，其变化规律如表 3-2 所示。

表 3-2　参数 G_{max}、曲线 G/G_{max}-γ_a 和曲线 ξ-γ_a 随影响因素增大时的变化规律

影响因素	当影响因素增大时的变化规律		
	参数 G_{max}	曲线 G/G_{max}-γ_a	曲线 ξ-γ_a
初始有效固结应力(σ'_c)	增加	不变或增加	不变或减小
孔隙比(e)	减小	增加或不变	减小或不变
相对密度(D_r)	增加	减小或不变	增加或不变
超固结比(O_{CR})	增加	无影响	无影响
塑性指数(I_p)	若 $O_{CR}>1$，增加 若 $O_{CR}=1$，不变	增加	减小
往返剪应变幅值(γ_a)	—	减小	增加
地质年代(t_g)	增加	可能增加	减小
胶结程度(c)	增加	可能增加	可能减小
应变率($\dot{\gamma}$)	增加	可能无影响	可能增加
荷载往返作用次数(饱和土)	减小，但可逐步恢复	减小	不明显

(3) G_{max}的经验估计

确定 G_{max}通常有两种途径：一是采用室内试验结果建立的经验公式来确定，二是用现场剪切波波速来确定。

Hardin 等根据 e、σ'_c和 O_{CR}建立了适用于各类土的经验关系：

$$G_{max} = 625 \frac{O_{CR}^k}{0.3+0.7e^2} p_a \left(\frac{\sigma'_c}{p_a}\right)^{\frac{1}{2}} \tag{3-25}$$

式中　p_a——大气压力。

Seed 等发现黏性土的 G_{max}可由固结不排水剪切强度 S_u 得到：

$$G_{max} = 2200\ S_u \tag{3-26}$$

即 Seed 等认为对各类黏性土，G_{max}与 S_u 之比都取常数 2200，Martin 等认为这个比值取 2050 比较合适。事实上，G_{max}与 S_u 之比与黏土类型有关，因此该公式就具有一定的局限性。

用现场剪切波波速来确定 G_{max}就是以波动理论为基础进行计算：

$$G_{max} = \rho V_s^2 \tag{3-27}$$

式中　V_s——土层剪切波波速。

(4) G/G_{max}-γ_a 和 ξ-γ_a 关系曲线

不同类型的黏性土，G/G_{max}-γ_a 和 ξ-γ_a 关系曲线的离散范围不同。

Zen 等最早注意到 I_p 对 G/G_{max}-γ_a 关系曲线形状的影响，Zen 等给出了不同 I_p 值的 G/G_{max}-γ_a 关系曲线。Vucetic 等结合他人的试验资料，给出了不同 I_p 值的 G/G_{max}-γ_a 和 ξ-γ_a 关系曲线，具体如图 3-5 所示。

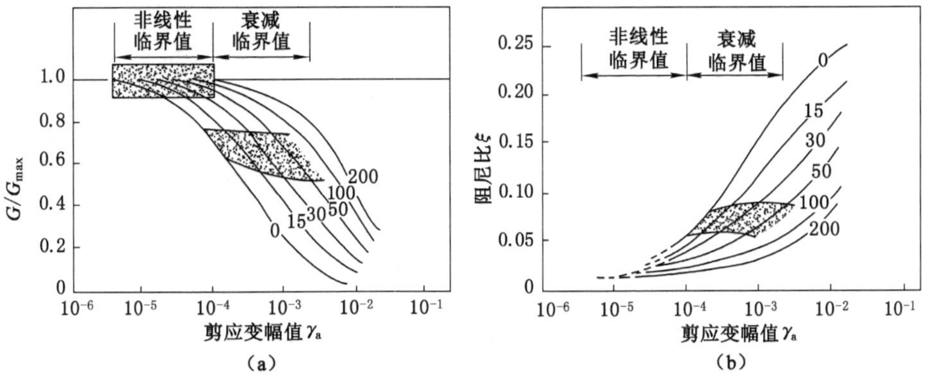

图 3-5 I_p 值对黏性土 G/G_{max}-γ_a 和 ξ-γ_a 关系曲线的影响

（图中曲线标注的数值为 I_p 值）

Kokusho 等对一系列未扰动的冲积、淤积的软黏土试样进行了动三轴试验，土的塑性指数 I_p 为 40～100，天然含水量 w 为 100%～170%，试验结果如图 3-6 所示。

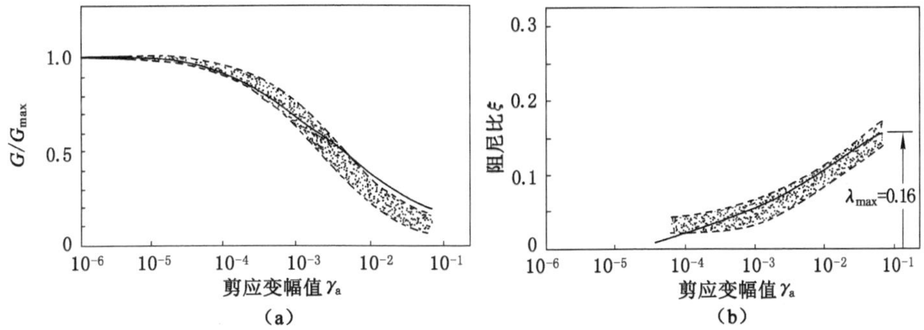

图 3-6 原状软黏土的 G/G_{max}-γ_a 和 ξ-γ_a 关系曲线

Kokusho 等还研究了初始有效固结应力 σ'_c 对 G/G_{max}-γ_a 关系曲线的影响，动三轴试验中土样的 I_p 为 38～56、初始有效固结应力 σ'_c 为 45～500 kPa，试验结果如图 3-7 所示。由图 3-7 可以看出，初始有效固结应力对 G/G_{max}-γ_a 关系曲线几乎没有影响，对 λ-γ_a 关系曲线的影响可以忽略不计。

由上文可知，对于黏性土，I_p 值是影响 G/G_{max}-γ_a 和 ξ-γ_a 关系曲线性质的重要因素，在一定的剪应变水平下，G/G_{max} 明显随着 I_p 值的增大而增大，阻尼比 ξ 明显随着 I_p 值的增大而减小。这说明高塑性土在较高的应变水平下仍能呈现线弹性性能，且阻尼比较小。

3.4.2 模型土的配置

山区公路路基填料通常来源于就近的路堑挖方，一般来说路基的地震反应与路基填土的类型及厚度有关，工程实践中的路基填土互有差别，由此会给模型填土的确定带来一定

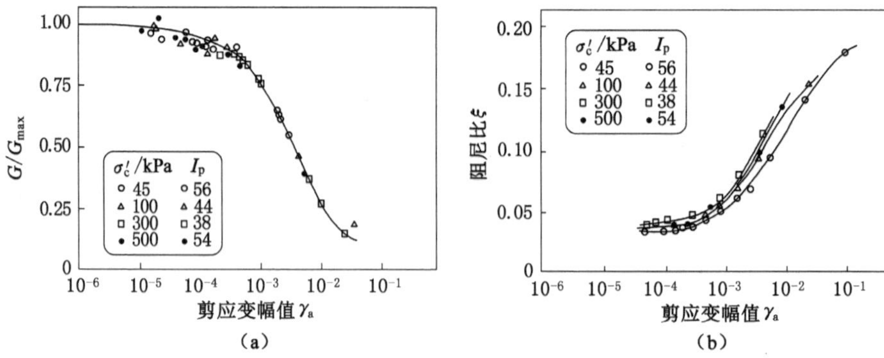

图 3-7　初始有效固结应力对黏土 G/G_{max}-γ_a 和 ξ-γ_a 关系曲线的影响

困难。本书依托西部交通建设科技项目，应尽量使选定的原型土具有一定的代表性，因此试验采用我国西南地区典型土——红黏土作为原型土，据以配置模型土。

路基结构的振动台模型试验中，确定模型土的配制方案是试验准备工作的主要内容，为此进行了一系列试验。配置模型土试验之前，分析了模型土的配置途径，形成的配置构思如下：

① 模型土的动力学参数不可能完全符合相似关系，因此在振动台模型试验中，基于土的动力特性分析力求使模型土的动剪切模量与动应变间的关系曲线变化规律和最大剪切模量与原状土的尽可能相似。

② 针对模型土制备的材料特性，通过掺入中细砂及控制压实度探索调整模型土的最大动剪切模量。

③ 鉴于塑性指数是影响土动剪切模量及其与动剪应变的关系曲线性状的关键因素，应关注塑性指数对土动力特性的影响规律。

④ 在上述分析的基础上确定配置模型土应采用的基本控制指标。

(1) 试验设备及试样制备

试验采用北京市新技术应用研究所研制的 DDS-70 力应变控制式单向振动三轴仪测定试样的动剪切模量和阻尼比。该型振动三轴仪简谐激振力频率为 1～10 Hz，试样的尺寸(直径×高度)为 39.1 mm×80.0 mm。试验中量测系统会将动应力、动应变和剪切模量等测试信息记录下来，且各测定参数均可通过测试软件直接记录。

制备试样时，先将原状红黏土烘干，再将经过称量的干燥土均匀平铺于搪瓷盘内，在土表面均匀洒水，洒水量根据含水量确定，然后充分拌匀并密封静置 24 小时，接着按照不同的压实度称取相应质量的土，分四层装入承样桶，每装入一层，就用推土器均匀压密并进行土样表面刮毛，然后装入上一层。

(2) 试验内容及结果

① 塑性指数试验

在等分量干燥红黏土中分别加入 10%、20%、30%的中细砂，各类别土样均为 10 个，然后依据土工试验规程分别测定其液塑限指标。

加砂后土样的液塑限和塑性指数的试验结果见表 3-3。由表 3-3 可知，加砂后土样的液限有一定程度的降低趋势，且随着加砂量的增大而不断减小；加砂后土样的塑限则有一定程度的提高，且随着加砂量的增大而不断增大。

表 3-3　土样的液塑限和塑性指数的试验结果

编号	加砂量/%	液限/%	塑限/%	塑性指数 I_p
1	0	35.5	17.8	17.7
2	10	34.3	18.4	15.9
3	20	33.2	19.6	13.6
4	30	31.8	20.5	11.3

加砂量对土样的液塑限和塑性指数的影响如图 3-8 所示。由图 3-8 可见，土样的液限值受含砂量的影响稍大一些。由此可推测，中细砂可使土样的保水能力降低。

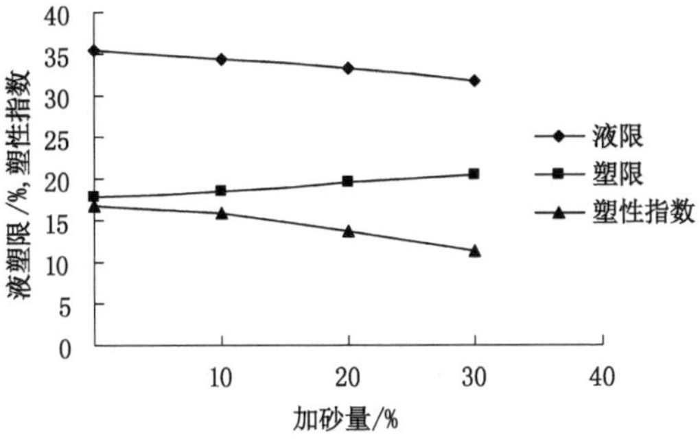

图 3-8　加砂量对土样的液塑限和塑性指数的影响

② 动力特性试验

许多学者已对原状土的 G_{max} 与围压的关系进行了研究，而土样原有的结构性已经破坏，在围压作用下将经历从压缩到主固结再到次固结的全过程，因而研究试样在不同围压下 G_{max} 的变化规律显得十分重要。试验过程中施加的围压分别为 50 kPa、100 kPa、200 kPa 和 300 kPa。具体的试验过程为：按照最佳含水率配置土样（最佳含水率分别为：不加砂的为 13%，加砂 10%的为 12%，加砂 20%的为 12%，加砂 30%的为 11%），在振动三轴仪上装好试样并施加围压，然后立即进行不排水动三轴试验，测定中此时的最大动剪切模量。土样动三轴试验条件见表 3-4。

表 3-4　土样动三轴试验条件

土样加砂量	最大干密度/(g/cm³)	压实度/%	固结比	围压/kPa
不加砂	2.03	96	1	50,100,200,300
		92	1	50,100,200,300
		88	1	50,100,200,300
		84	1	50,100,200,300
加砂 10%	2.00	96	1	50,100,200,300
		92	1	50,100,200,300
		88	1	50,100,200,300
		84	1	50,100,200,300

表 3-4(续)

土样加砂量	最大干密度/(g/cm³)	压实度/%	固结比	围压/kPa
加砂 20%	1.98	96	1	50,100,200,300
		92	1	50,100,200,300
		88	1	50,100,200,300
		84	1	50,100,200,300
加砂 30%	1.97	96	1	50,100,200,300
		92	1	50,100,200,300
		88	1	50,100,200,300
		84	1	50,100,200,300

最大动剪切模量是反应土体动力特性的重要参数。由于仪器的限制，常规的动三轴仪能测量到的应变范围在 $10^{-5}\sim10^{-2}$ 之间，仅从 G_d-γ_d 曲线上无法求得最大剪切模量，但线性回归后的 $1/G_d$-γ_d 曲线是一条直线，当 γ_d 无限趋近零时，通过 $1/G_d$ 轴上的截距即可求得最大动剪切模量，其试验结果见表 3-5。

表 3-5　土样在最佳含水率条件下的最大动剪切模量

压实度/%	围压/kPa	G_{max}/MPa			
		不加砂	加砂 10%	加砂 20%	加砂 30%
96	50	52.7	49.8	46.3	41.1
	100	68.6	63.9	59.1	54.3
	200	76.2	69.1	64.4	60.1
	300	85.8	79.6	72.8	66.4
92	50	40.2	36.2	31.7	24.6
	100	57.6	49.8	42.1	35.4
	200	62.8	56.4	48.3	42.6
	300	72.7	65.4	56.4	49.2
88	50	28.5	22.6	16.9	12.2
	100	39.2	33.5	23.4	15.7
	200	45.3	36.7	28.6	19.8
	300	53.5	45.5	34.5	22.4
84	50	9.6	7.5	4.8	2.3
	100	18.4	13.6	8.2	4.6
	200	25.9	16.8	11.4	6.5
	300	34.2	25.6	16.4	8.4

根据振动台的台面尺寸及最大承载力，确定模型的几何相似常数($C_l=20$)，土体动剪切模量相似常数 $C_G=C_\rho^{\frac{1}{2}}C_l^{\frac{1}{2}}$。一般情况下路基的填筑压实度为 96%，将表 3-5 中压实度为

96%的不加砂土样作为原状土，根据表 3-5 的试验结果可求得各种土样的最大动剪切模量与原状土最大动剪切模量的比值。通过比较可知压实度为 88%的加砂 30%的土样比较符合模型相似关系，此时路基模型的几何相似常数 $C_l=20$，模型材料的密度相似常数 $C_\rho=1.175$，根据相似关系求得的最大动剪切模量相似常数 $C_G=C_\rho^{\frac{1}{2}}C_l^{\frac{1}{2}}=4.848$，这与试验得到的最大动剪切模量的平均相似常数（$C_G=4.085$）最为接近。因此，本试验初步确定采用压实度为 88%的加砂 30%的土样作为模型材料。

为了进一步确定采用压实度为 88%的加砂 30%的土样作为模型材料的可行性，采用振动三轴仪测定了该材料试样的动剪切模量和动应变，在动三轴上逐级施加轴向激振力（每级施加 10 次等幅循环应力），测定动剪切模量 G_d 和阻尼比 ξ_d 与动应变的关系。

图 3-9 为试验土样的 G/G_{max}-γ_d 关系曲线，可见随着 γ_d 的增大，G/G_{max} 明显减小，各类型土样的下降趋势大致相同。随着含砂量的增大，数据点逐渐有左移的趋势，这说明加入中细砂以后，由于 I_p 的改变，对 G/G_{max}-γ_a 关系曲线的变化有一定的影响，但是在目前的加砂量条件下，曲线的变化趋势并非出现显著变化。通过比较本次试验曲线变化规律与图 3-5 的变化规律可知，两者的形状非常相似，随着含砂量的增加，图 3-9 中曲线的下降趋势相对更快。

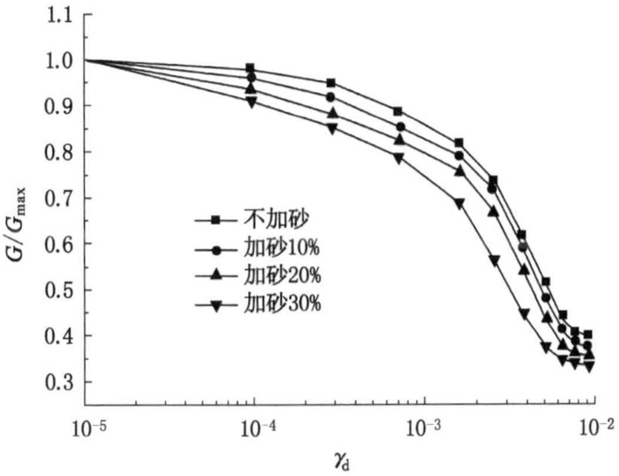

图 3-9　试验土样的 G/G_{max}-γ_d 关系曲线

试验结果表明，压实度为 88%的加砂 30%土样的最大剪切模量基本符合模型相似关系，且其 G/G_{max}-γ_d 关系曲线的形状与原状土的基本相同，认为选用加砂 30%的红黏土作为配制模型土的原料比较合理。同时，试验确定了配置模型土采用的基本控制指标（即 $C_l=20$，$C_\rho=1.175$），并规定将含水量控制在最佳含水量。由此得到的模型土有望基本满足本次振动台模型试验的要求。

3.4.3　模型支挡结构的材料配置

路基的支挡结构形式多样，本试验选取重力式挡土墙作为支挡结构。在振动台模型试验中，通常采用微粒混凝土模拟混凝土构件。根据招商局重庆交通科研设计院有限公司振动台实验室以往的经验，本次试验中对重力式挡土墙模型宜采用的微粒混凝土标号为 C10，表 3-6 为试验中采用的微粒混凝土配合比。

表 3-6　微粒混凝土配合比

微粒混凝土标号	水泥(425 号)	黄沙	石灰	水
C10	1	5.8	0.6	0.6

3.5　模型设计及制作

3.5.1　模型设计

根据振动台台面尺寸(3 m×6 m)、载重量(35 t)和本次试验的目的，设计了两种二维纯高填方路基模型：一种是有支挡结构的，另一种是没有支挡结构的。二维模型的几何相似常数 C_l 均为 20，路基高度均为 193 cm，模型具体尺寸见图 3-10。按照重力场条件下振动台模型试验相似律可确定路基模型的相似常数(首先由 $C_l=20$ 和 $C_\rho=1.175$ 确定 C_G，然后确定 C_t，依此类推)，表 3-7 为模型相似常数结果汇总。

表 3-7　模型相似常数结果汇总

符号	项目	相似律	相似常数
l	路基尺寸	C_l	20
ρ	路基填土密度	C_ρ	1.175
$\ddot{u}$	加速度	$C_{\ddot{u}}$	1.0
σ	路基应力	$C_\sigma=C_\rho C_l$	23.5
G	土体剪切模量	$C_G=C_\rho^{\frac{1}{2}}C_l^{\frac{1}{2}}$	4.848
ε	路基应变	$C_\varepsilon=C_\gamma=C_\rho^{\frac{1}{2}}C_l^{\frac{1}{2}}$	4.848
u	位移	$C_u=C_lC_\gamma=C_\rho^{\frac{1}{2}}C_l^{\frac{3}{2}}$	96.953
$\dot{u}$	速度	$C_{\dot{u}}=C_\rho^{\frac{1}{2}}C_l^{\frac{3}{2}}C_t^{-1}=C_\rho^{\frac{1}{4}}C_l^{\frac{3}{4}}$	9.846
t	时间	$C_t=C_\rho^{\frac{1}{4}}C_l^{\frac{3}{4}}$	9.846
f	频率	$C_f=C_\rho^{-\frac{1}{4}}C_l^{-\frac{3}{4}}$	1/9.846
ξ	土体阻尼比	C_ξ	1.0
c	土体黏聚力	$C_c=C_\rho C_l$	23.5
φ	土体摩擦系数	C_φ	1.0

3.5.2　模型制作

(1) 土体填筑

模型制作之前，先按照确定的模型材料配置方案配置好足够量的模型土并密封好以防止水分的流失，在模型箱内部，按每层 10 cm 厚画出标线，按控制密度计算出每层的土重，填

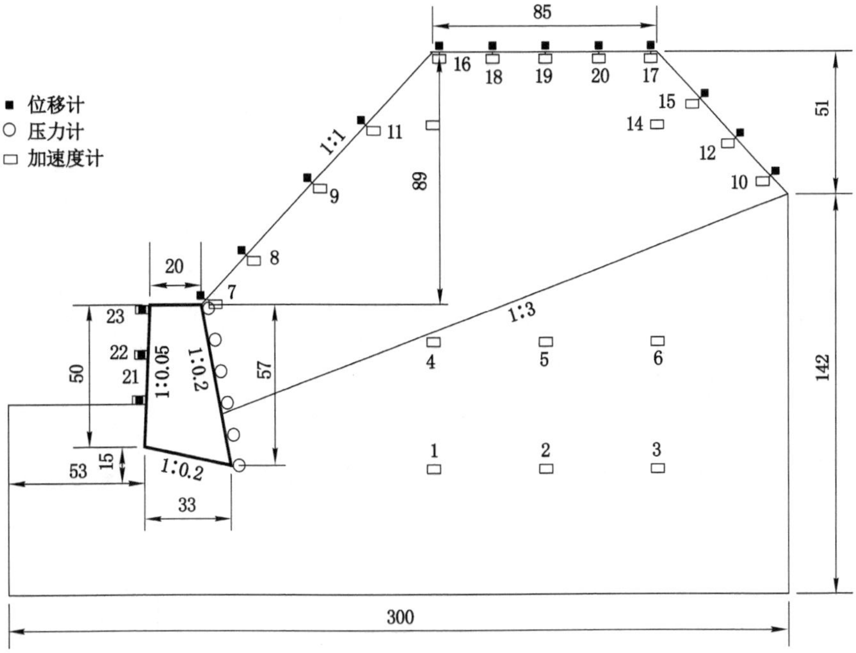

(a) 模型一(有支挡结构 单位: cm)

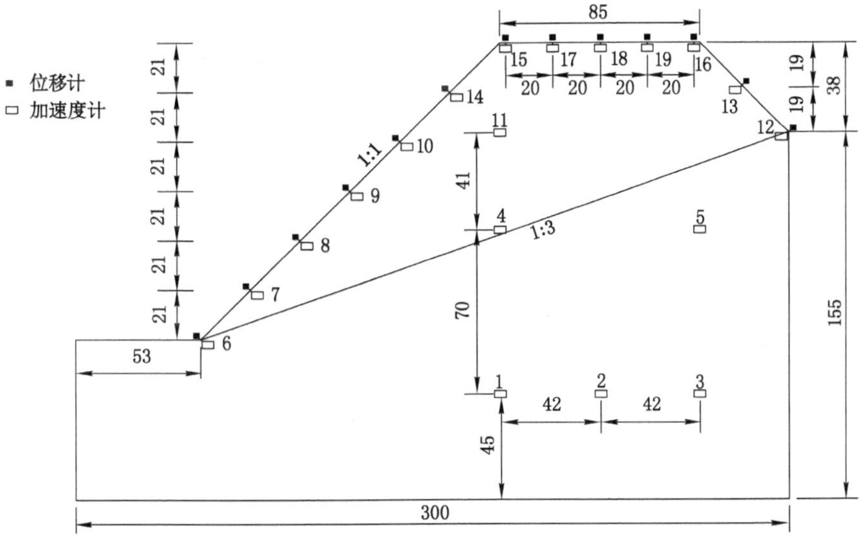

(b) 模型二(无支挡结构 单位: cm)

图 3-10 模型尺寸及测点布置

筑时逐层压实,直到满足各层要求的密度为止,每层的平整度从南北、东西两组方向进行控制,并在上一层土填筑前进行拉毛处理。填筑到埋置传感器的高度后按传感器布置方案埋设相应的传感器,填筑到挡土墙基础高度时,吊装安放挡土墙。由于模型试验中路基的地基与填方部分按同种材料考虑，为了保证模型路基与实际填方路基相似，模型路基地基采用压实度为 88%的填土，路基填方部分采用压实度为 84%的填土，同时为了能更好地模拟路基，对路基的地基开挖台阶以保证其与填方部分有良好的接触，从而防止人为薄弱面的产生。图 3-11 为模型路基不同填筑阶段的图片。

(a) 填筑过程中开挖台阶

(b) 填筑过程中埋置挡土墙

(c) 填筑完成的模型一

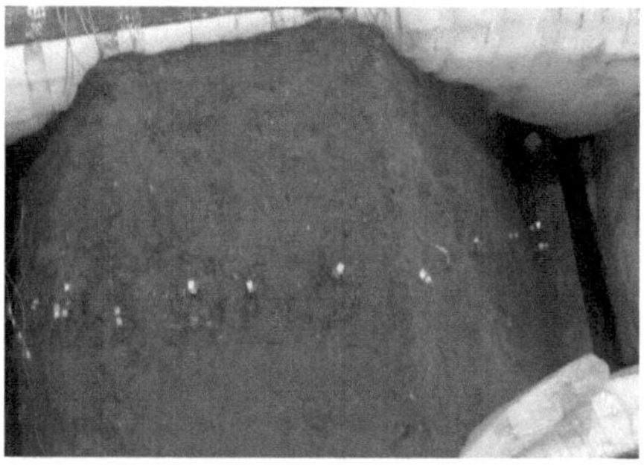

(d) 填筑完成的模型二

图 3-11　模型路基不同填筑阶段的图片

(2) 传感器类型及布置方案

考虑目前国内测试技术水平及散粒体材料的特殊性，在本次模型试验中着重做了以下几方面的测试：① 路基和路基加速度反应的测试；② 路基表面位移量测；③ 路基反应和破坏过程观察。

在振动台的振动过程中，应记录模型路基和挡土墙的位移值、加速度值以及模型土与挡土墙之间的接触压力，选用的传感器分别为位移计、加速度计和土压力计。加速度传感器大都直接埋置在模型土中，但当模型土含水量较高时加速度传感器的精度会受到一定的影响，且加速度传感器的质量密度大于模型土的质量密度，在振动过程中可能出现加速度传感器与模型土耦合振动的情况。因此，采用陈跃庆提出的方法对加速度传感器进行了包装处理，即将加速度传感器做防水处理后粘贴在有机玻璃盒中，使处理后的当量质量密度与土的质量密度尽可能相等。

在振动台试验设计中，传感器的布置应满足以下原则：① 对于二维模型，路基断面的受力特征符合平面应变假设，因此传感器的布置应主要集中在路基中心剖面上。② 在满足基本信息采集要求的情况下，应尽量减少仪器布置数量，避免因仪器布设而破坏模型完整性，制造人为结构面，影响测试结果。

基于上述传感器的布置原则，对测点布置方案进行了认真的探讨。本次振动台模型试验测定加速度的目的主要包括以下几个方面：一是测定填方路基各部位在振动过程中的加速度，以研究填方路基不同高度处加速度放大倍数的变化规律；二是研究填方路基在振动过程中，各加速度时程曲线所对应的傅里叶谱频谱特征与输入地震波加速度频谱特征之间的关系；三是根据测定的最大加速度放大规律探讨路基的减震措施。测定填方路基位移的主要目的是掌握路基的动力破坏过程，以此推断填方路基的抗震薄弱部位。由此确定模型路基的传感器布置方案如图 3-10 所示。

3.6 输入地震波选择和试验加载制度

3.6.1 输入地震波选择

在振动台模型试验中，输入地震波的选择主要根据试验目的决定，通常情况下振动台输入地震波的种类有以下三种。

(1) 直接利用地震记录

依据模型与原型之间的相似关系，将历史上通过强震观测得到的既有地震记录进行处理以作为振动台的输入地震波，地震波的处理主要是指对地震波形的持续时间、加速度峰值以及频率等进行压缩，满足模型结构对输入地震波的需要，以便分析模型结构的抗震性能。

(2) 采用人工地震加速度时程

根据随机振动理论得到地震加速度的特征（加速度峰值、频谱特性、持时），然后人工合成符合这些统计特征的地震加速度时程。由于强震记录的积累，目前已经可以提供比较合理的人工地震加速度时程。

(3) 按规范反应值设计人工地震波

本次试验拟选取 3 种地震波作为振动台模型试验的输入波，分别为 EL-Centro 波（以下简称 EL 波）、汶川波和正弦波。其中，EL 波为 1940 年美国 Imperial 山谷发生 6.7 级地震时，在 EL-Centro 现场实测的地震波记录，该地震波持续时间达到 53.73 s。汶川波为 2008 年我国四川省汶川地区发生 8.0 级地震时，在四川省卧龙地区现场实测的地震波记录，该地震波持续时间达到 80.21 s。正弦波是随机振动台试验中经常采用的一种波形。前两种波的持时较长，频率成分较为丰富，可适用于多种结构的地震考核试验，是地震反应分析时的典型地震记录。

其中 EL 波和汶川波的归一化加速度时程曲线分别示于图 3-12(a)和图 3-12(b)。

3.6.2 试验加载制度

本次振动台模型试验，输入的地震波分别为 EL 波（NS 向）、汶川波和正弦波，为了探讨输入地震波强度对试验的影响，应同时找到路基结构开始出现裂缝变形的临界加速度峰值和造成坡体失稳破坏的临界加速度峰值，试验中对每种地震波进行逐级递增加载。为了考虑输入地震波频谱对试验的影响，对 EL 波采用 4 种不同的时间压缩比。试验开始前，应先对每个模型进行小振幅的白噪声微振，如果在微振作用下，振动台、挡土墙以及墙后土体能

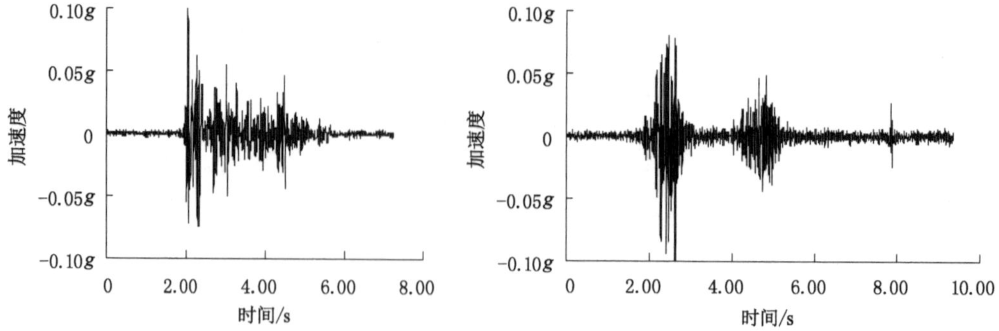

(a) EL波　　(b) 汶川波

图 3-12　地震波加速度时程曲线(归一化)

一起运动,则证明模型制作较好。在确定模型性能良好后方可进行试验。振动台模型试验加载制度如表 3-8 所示。

表 3-8　振动台模型试验加载制度

序号	工况	幅值	时间压缩比	备注
1	白噪声-X 向	0.03g	—	① 对模型首先进行白噪声激励的微振试验,以测定模型路基的动力特性。 ② 逐级进行预定地震动输入振动试验,视情况对施加地震波振动后的模型进行白噪声微振试验,以测定经过地震后的模型动力特性变化情况。 ③ 为了消除先期振动对模型的影响,各种地震波的输入是相互穿插的,试验幅值一列中数据为输入的加速度最大值,g 表示 9.8 m/s^2,括号内两个数值分别为 X 向和 Z 向的地震峰值加速度。 ④ X 向为水平方向,Z 向为竖直方向。
2	EL 波-X 向	0.05g	9.846	
3	汶川波-X 向	0.05g	9.846	
4	正弦波-X 向	0.05g		
5	正弦波-Z 向	0.05g		
6	白噪声-X 向	0.03g	9.846	
7	EL 波-X 向	0.10g	9.846	
8	汶川波-X 向	0.10g	9.846	
9	正弦波-X 向	0.10g		
10	正弦波-Z 向	0.10g		
11	白噪声-X 向	0.03g	—	
12	EL 波-X 向	0.10g	5.536	
13	EL 波-X 向	0.10g	3.113	
14	EL 波-X 向	0.10g	1.750	
15	白噪声-X 向	0.03g	—	
16	EL 波-X 向	0.20g	9.846	
17	汶川波-X 向	0.20g	9.846	
18	正弦波-X 向	0.20g		
19	正弦波-Z 向	0.20g		
20	白噪声-X 向	0.03g	—	
21	EL 波-X 向	0.30g	9.846	
22	汶川波-X 向	0.30g	9.846	

表 3-8(续)

序号	工况	幅值	时间压缩比	备注
23	正弦波-X 向	0.30g		
24	正弦波-Z 向	0.30g	—	
25	白噪声-X 向	0.03g	9.846	
26	EL 波-X 向	0.40g	9.846	
27	汶川波-X 向	0.40g	9.846	
28	白噪声-X 向	0.03g	—	
29	EL 波-XZ 向	(0.50,0.33)g	9.846	
30	汶川波-XZ 向	(0.50,0.33)g	9.846	
31	白噪声-X 向	0.03g	—	
32	EL 波-XZ 向	(0.55,0.37)g	9.846	
33	汶川波-XZ 向	(0.55,0.37)g	9.846	
34	白噪声-X 向	0.03g	—	
35	EL 波-XZ 向	(0.60,0.40)g	9.846	
36	汶川波-XZ 向	(0.60,0.40)g	9.846	
37	汶川波-X 向	0.60g	9.846	
38	白噪声-X 向	0.03g	—	
39	EL 波-XZ 向	(0.65,0.43)g	9.846	
40	汶川波-XZ 向	0.65,0.43g	9.846	
41	白噪声-X 向	0.03g	—	
42	EL 波-XZ 向	(0.70,0.47)g	9.846	
43	汶川波-XZ 向	(0.70,0.47)g	9.846	
44	白噪声-X 向	0.03g	—	
45	汶川波-XZ 向	(0.75,0.50)g	9.846	
46	汶川波-XZ 向	(0.80,0.53)g	9.846	
47	汶川波-XZ 向	(0.85,0.57)g	9.846	
48	汶川波-XZ 向	(0.90,0.60)g	9.846	

4 模型路基的地震动力反应性状

震害调查表明，与加速度有关的地震惯性力是引起路基等构筑物产生变形、应力、位移和破坏的主要原因。各种抗震规范中规定使用的将惯性力拟静力的分析方法就是以加速度及其分布规律为基础的。在地震荷载作用下，路基是否开裂或坍塌及其最危险部位，可能发生的地震残余变形、破坏和破坏机理等是强震区路基设计的关键问题。因此，路基及其挡土墙的加速度反应、位移反应等是评价路基地震动力反应性状的基本资料。

本章介绍路基大型振动台模型试验地震动力反应性状的研究成果，获得的资料包括模型的加速度时程、位移时程和挡土结构动土压力等。在本章试验研究中，还考虑了地震波类型、地震波强度以及地震波频谱、地震波单向和多向输入等影响因素。

4.1 模型路基的加速度反应

具体的试验方案见表 3-8，模型一（有支挡结构）和模型二（无支挡结构）的尺寸及加速度传感器的布置如图 3-10 所示。由图 3-10 可以看出，模型一中布置了 23 个加速度测点，模型二中布置了 19 个加速度测点，试验过程中记录了在输入不同荷载级别的 EL 波、汶川波和正弦波时传感器的反应，地震波输入的方向分 X 单向、Z 单向以及 XZ 双向 3 种，在同一次多向输入中，控制 Z 向加速度约为 X 向的 2/3。试验的数据采集结果表明，各通道在试验过程中均获得了可靠的数据。在相似律中，加速度的相似常数 $C_{\ddot{u}}=1$，所以模型路基与原型路基加速度及其分布规律是相同的。

在加载过程中，由于模型受到机械传动及设备电气加载等的影响，传感器测得的试验结果往往混有一定的噪声。其中，高频噪声会对试验结果的波形有一定程度的影响，低频噪声会使测得的试验结果偏离基线。因此，对测得的加速度时程曲线和动土压力时程曲线分别进行了滤波分析，以尽可能再现模型的真实地震反应。

4.1.1 有支挡结构模型路基的加速度基本试验结果

在后文的论述中，为了表述方便起见，引入了加速度反应放大倍数的概念，即测点测得的加速度反应的峰值与振动台台面输入加速度峰值的比值。表 4-1 至表 4-3 为不同输入地震波波形下，模型路基在不同的台面输入地震波峰值加速度作用下各测点的实测峰值加速度，其中 A0 处数据为振动台台面输入地震波峰值加速度。

表 4-1 EL 波下各测点 X 向峰值加速度

测点号	峰值加速度					
	工况 7(0.1g)	工况 16(0.2g)	工况 21(0.3g)	工况 29(0.5g)	工况 35(0.6g)	工况 42(0.7g)
1	0.101g	0.199g	0.291g	0.476g	0.558g	0.634g
2	0.094g	0.191g	0.282g	0.468g	0.543g	0.628g
3	0.091g	0.187g	0.286g	0.472g	0.521g	0.615g
4	0.128g	0.241g	0.348g	0.534g	0.603g	0.693g
5	0.126g	0.238g	0.352g	0.531g	0.592g	0.672g
6	0.128g	0.243g	0.341g	0.526g	0.598g	0.676g
13	0.164g	0.309g	0.440g	0.681g	0.756g	0.837g
14	0.167g	0.302g	0.423g	0.678g	0.752g	0.841g
7	0.190g	0.362g	0.512g	0.812g	0.908g	0.952g
8	0.181g	0.351g	0.502g	0.755g	0.852g	0.908g
9	0.173g	0.336g	0.484g	0.701g	0.782g	0.845g
11	0.179g	0.348g	0.495g	0.728g	0.814g	0.875g
16	0.198g	0.381g	0.546g	0.78g	0.876g	0.991g
18	0.193g	0.375g	0.539g	0.772g	0.879g	0.985g
19	0.191g	0.369g	0.522g	0.766g	0.881g	0.978g
20	0.188g	0.365g	0.516g	0.775g	0.885g	0.972g
17	0.190g	0.365g	0.508g	0.776g	0.892g	0.966g
15	0.175g	0.332g	0.472g	0.758g	0.859g	0.935g
12	0.162g	0.298g	0.435g	0.724g	0.814g	0.879g
10	0.141g	0.271g	0.385g	0.658g	0.753g	0.829g
21	0.148g	0.275g	0.402g	0.643g	0.721g	0.791g
22	0.162g	0.311g	0.443g	0.716g	0.808g	0.862g
23	0.173g	0.331g	0.472g	0.758g	0.856g	0.914g
A0	0.097g	0.187g	0.281g	0.503g	0.607g	0.709g

表 4-2 汶川波下各测点 X 向峰值加速度

测点号	峰值加速度					
	工况 8(0.1g)	工况 17(0.2g)	工况 22(0.3g)	工况 30(0.5g)	工况 36(0.6g)	工况 43(0.7g)
1	0.146g	0.277g	0.389g	0.572g	0.648g	0.716g
2	0.135g	0.261g	0.379g	0.556g	0.626g	0.701g
3	0.128g	0.254g	0.371g	0.555g	0.613g	0.695g
4	0.157g	0.295g	0.407g	0.593g	0.661g	0.71g
5	0.141g	0.274g	0.399g	0.587g	0.652g	0.691g
6	0.134g	0.265g	0.389g	0.571g	0.649g	0.678g
13	0.198g	0.349g	0.484g	0.749g	0.825g	0.903

表 4-2(续)

测点号	峰值加速度					
	工况 8(0.1g)	工况 17(0.2g)	工况 22(0.3g)	工况 30(0.5g)	工况 36(0.6g)	工况 43(0.7g)
14	0.186g	0.326g	0.465g	0.725g	0.806g	0.896g
7	0.212g	0.402g	0.536g	0.823g	0.923g	0.971g
8	0.194g	0.365g	0.511g	0.772g	0.874g	0.917g
9	0.185g	0.347g	0.487g	0.715g	0.798g	0.869g
11	0.202g	0.362g	0.509g	0.802g	0.871g	0.913g
16	0.258g	0.438g	0.593g	0.966g	1.049g	1.142g
18	0.256g	0.435g	0.586g	0.957g	1.031g	1.124g
19	0.251g	0.428g	0.572g	0.945g	1.024g	1.096g
20	0.249g	0.422g	0.563g	0.872g	0.997g	1.071g
17	0.236g	0.418g	0.558g	0.861g	0.986g	1.032g
15	0.213g	0.368g	0.508g	0.791g	0.891g	0.967g
12	0.178g	0.317g	0.451g	0.738g	0.832g	0.891g
10	0.154g	0.293g	0.412g	0.676g	0.769g	0.845g
21	0.157g	0.292g	0.415g	0.658g	0.732g	0.798g
22	0.172g	0.324g	0.461g	0.732g	0.82g	0.871g
23	0.183g	0.347g	0.489g	0.775g	0.868g	0.925g
A0	0.104g	0.204g	0.292g	0.503g	0.607g	0.708g

表 4-3　正弦波下各测点 *X* 向峰值加速度

测点号	峰值加速度					
	工况 9(0.1g)	工况 10(0.1g)	工况 18(0.2g)	工况 19(0.2g)	工况 23(0.3g)	工况 24(0.3g)
1	0.104g	0.031g	0.197g	0.059g	0.276g	0.083g
2	0.096g	0.027g	0.185g	0.054g	0.269g	0.081g
3	0.091g	0.025g	0.179g	0.053g	0.263g	0.077g
4	0.111g	0.030g	0.208g	0.061g	0.289g	0.084g
5	0.102g	0.029g	0.194g	0.057g	0.283g	0.082g
6	0.095g	0.028g	0.187g	0.054g	0.276g	0.081g
13	0.141g	0.038g	0.248g	0.071g	0.344g	0.101g
14	0.132g	0.035g	0.231g	0.065g	0.33g	0.094g
7	0.151g	0.041g	0.285g	0.082g	0.379g	0.111g
8	0.138g	0.040g	0.258g	0.073g	0.363g	0.106g
9	0.131g	0.038g	0.246g	0.072g	0.346g	0.104g
11	0.143g	0.041g	0.257g	0.072g	0.361g	0.105g
16	0.183g	0.052g	0.311g	0.091g	0.421g	0.123g
18	0.181g	0.055g	0.308g	0.090g	0.417g	0.121

表 4-3(续)

测点号	峰值加速度					
	工况 9(0.1g)	工况 10(0.1g)	工况 18(0.2g)	工况 19(0.2g)	工况 23(0.3g)	工况 24(0.3g)
19	0.178g	0.0514g	0.304g	0.091g	0.405g	0.120g
20	0.177g	0.051g	0.301g	0.089g	0.401g	0.119g
17	0.167g	0.048g	0.297g	0.088g	0.396g	0.116g
15	0.151g	0.045g	0.262g	0.076g	0.361g	0.105g
12	0.126g	0.037g	0.225g	0.067g	0.32g	0.091g
10	0.108g	0.030g	0.208g	0.061g	0.293g	0.085g
21	0.112g	0.032g	0.207g	0.059g	0.295g	0.086g
22	0.121g	0.034g	0.231g	0.065g	0.327g	0.096g
23	0.132g	0.038g	0.246g	0.071g	0.347g	0.102g
A0	0.101g	0.030g	0.197g	0.052g	0.293g	0.086g

图 4-1 为有支挡结构模型路基在压缩地震波($C_t=9.846$)X 向激励下，沿主断面上边坡、下边坡和中心线加速度放大倍数的分布情况。其中，图例括号内数值为台面峰值加速度，h 表示模型路基高度，下同。图 4-2 为有支挡结构模型路基在压缩地震波($C_t=9.846$)XZ 双向激励下，沿主断面上边坡、下边坡和中心线加速度放大倍数的分布情况。

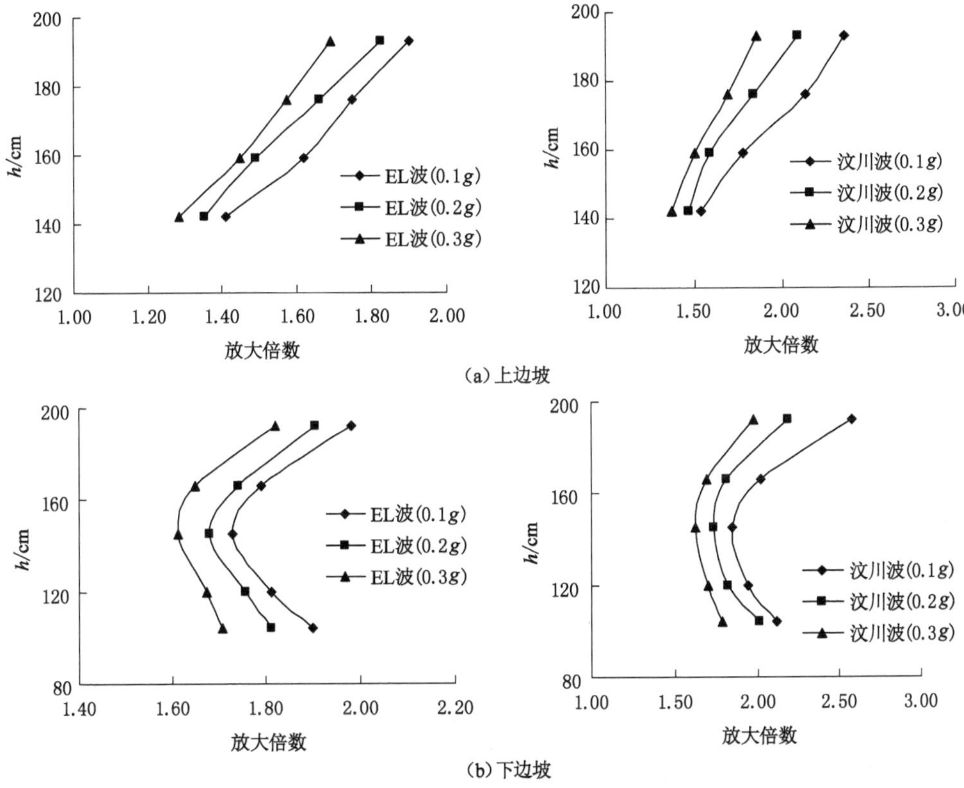

图 4-1　有支挡结构模型路基在压缩地震波($C_t=9.846$)X 向激励下，沿主断面上边坡、下边坡和中心线加速度放大倍数的分布情况

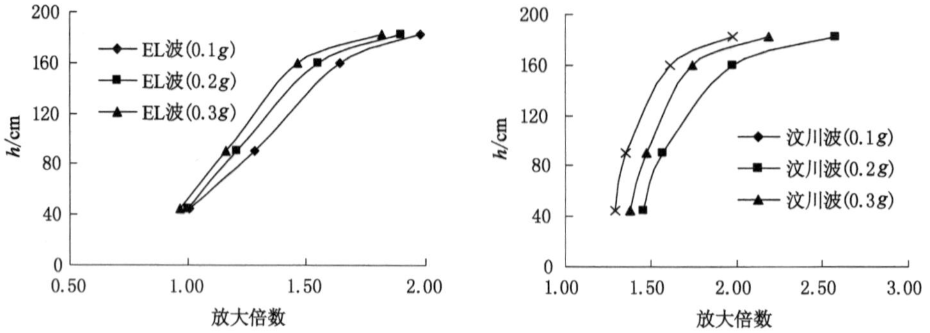

(c) 中心线

图 4-1(续)

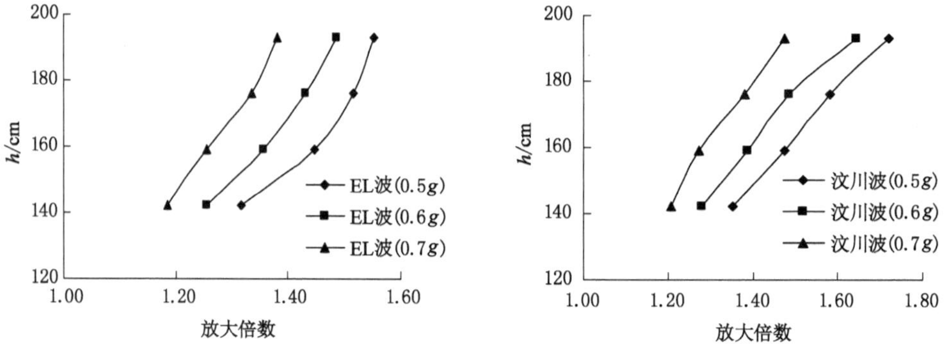

(a) 上边坡

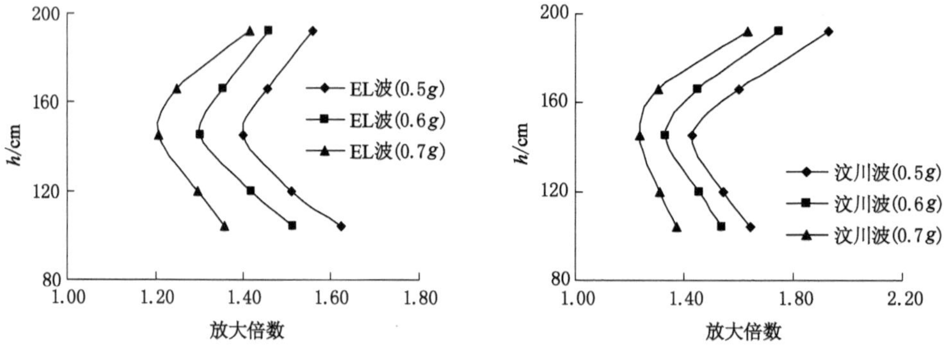

(b) 下边坡

图 4-2　有支挡结构模型路基在压缩地震波(C_t=9.846)XZ 双向激励下，沿主断面上边坡、下边坡和中心线加速度放大倍数的分布情况

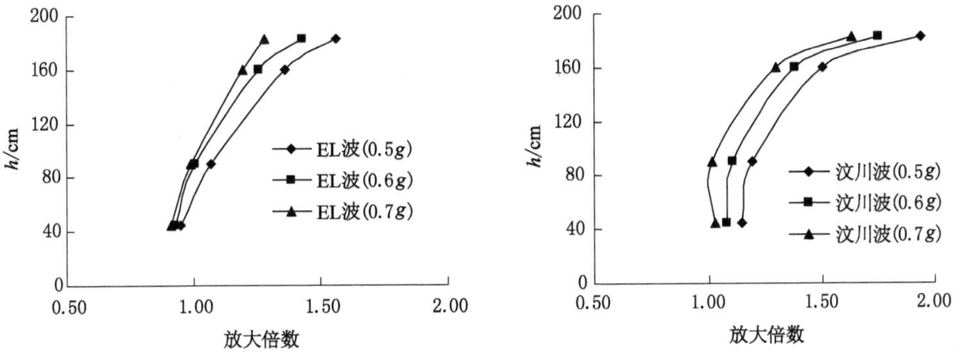

(c) 中心线

图 4-2(续)

在加速度沿路基高度分布方面有以下基本规律：

① 路基对地震动空间分布影响显著，路基顶部与路基基础位置的峰值加速度最大差值在一倍以上。路基上边坡，模型路基对输入地震波具有明显的放大作用，峰值加速度在路肩附近急剧增大；路基下边坡，挡土墙处和路肩处峰值加速度最大，其放大倍数可达 2.7 倍，显而易见挡土墙与路基动力相互作用十分明显。

② 对于整个模型路基，峰值加速度放大倍数有随台面输入地震波峰值加速度的增大而减小的趋势。

③ 对路基顶部各测点，以上边坡测点峰值加速度最小，中心线测点峰值加速度次之，下边坡测点峰值加速度最大。

④ 对于下边坡，挡土墙顶部的峰值加速度与路肩处峰值加速度相当。

⑤ 垂直方向（Z 向）的振动有增大 X 向振动加速度的作用，在路基顶部表现比较明显。

⑥ 当输入地震波加速度峰值一样但地震波种类不同时，路基的地震反应是不同的，如 EL 波作用下的加速度峰值均小于汶川波作用下的加速度峰值。

图 4-3 为有支挡结构模型路基在（$C_t=9.846$）X 单向激励下，路基顶部各测点加速度放大倍数的分布情况。图 4-4 为有支挡结构模型路基在不同压缩比 EL 波（峰值加速度

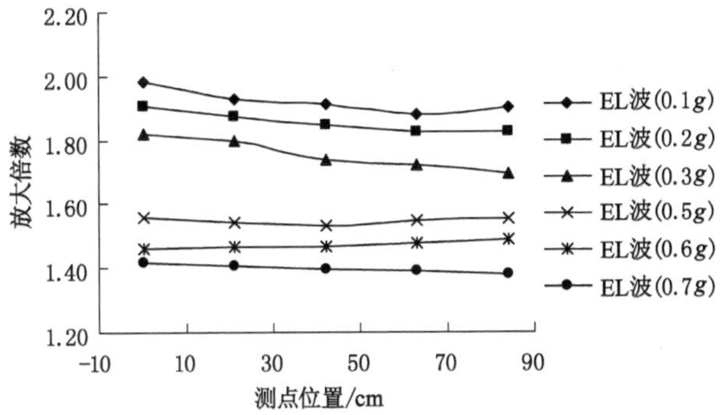

图 4-3　有支挡结构模型路基在压缩 EL 波（$C_t=9.846$）X 向激励下，路基顶部各测点加速度放大倍数的分布情况

为 0.1g)X 单向激励下,沿主断面上边坡、下边坡和中心线加速度放大倍数的分布情况。图 4-5 至图 4-6 给出了有支挡结构模型路基在 $C_t=9.846$ 时的压缩地震波 X 单向和 XZ 双向激励下,挡土墙各测点处加速度放大倍数随墙高的变化规律。沿墙面方向向上,峰值加速度放大倍数呈现递增趋势,在挡土墙顶部峰值加速度放大倍数达到最大值。

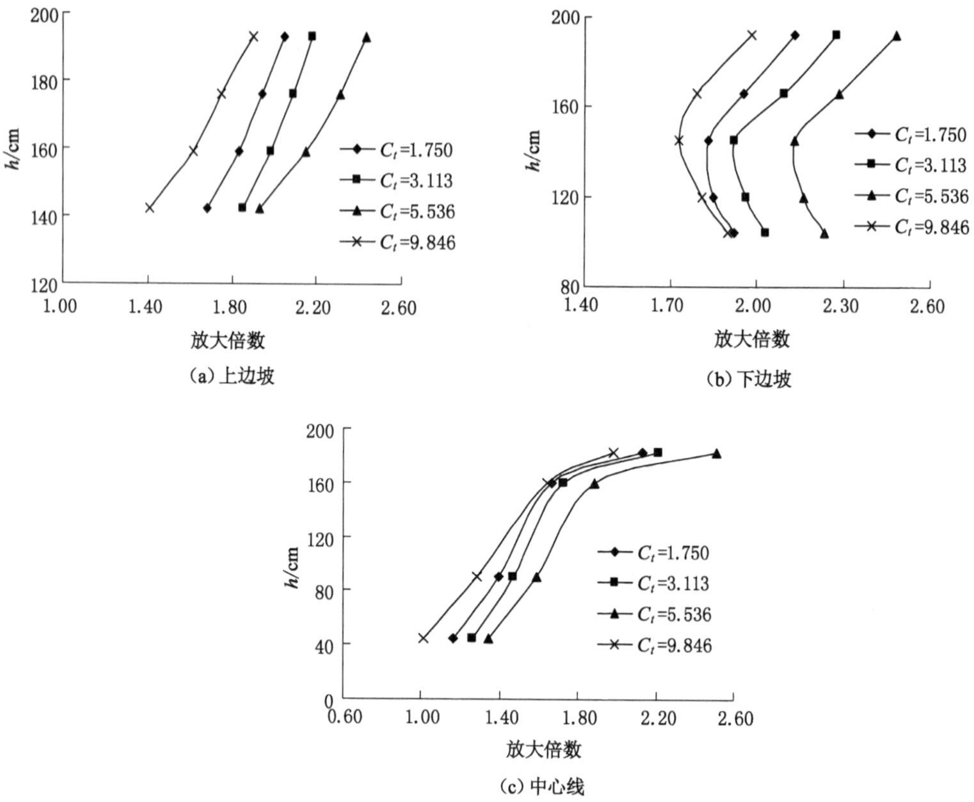

图 4-4 有支挡结构模型路基在不同压缩比 EL 波(峰值加速度为 0.1g)激励下,沿主断面上边坡、下边坡和中心线加速度放大倍数的分布情况

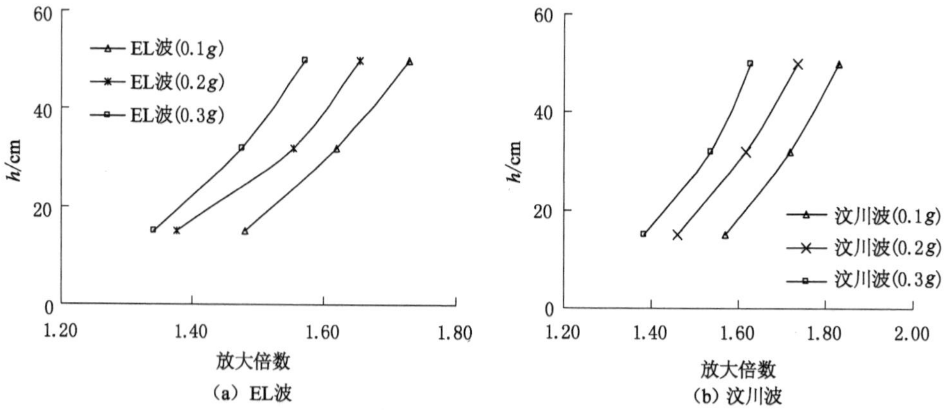

图 4-5 有支挡结构模型路基在 $C_t=9.846$ 时的压缩地震波 X 向激励下,挡土墙各测点加速度放大倍数随墙高的变化规律

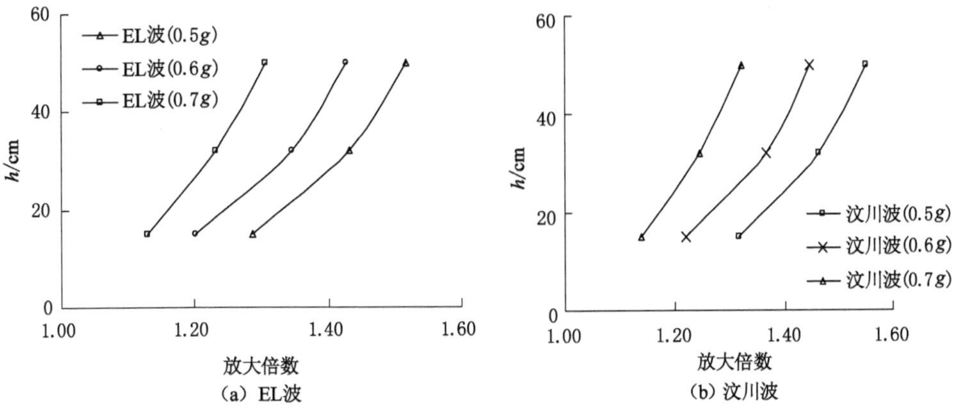

图 4-6 有支挡结构模型路基在 $C_t=9.846$ 时的压缩地震波 XZ 双向激励下，挡土墙各测点加速度放大倍数随墙高的变化规律

4.1.2 无支挡结构模型路基的加速度基本试验结果

无支挡结构模型路基和有支挡结构模型路基填筑在同一个模型箱内，前者各加载工况与有支挡结构模型路基的加载工况相同。表 4-4 至表 4-6 为不同输入地震波波形下，模型路基各测点的实测峰值加速度，其中 A0 处数据为振动台台面输入峰值加速度。

表 4-4 EL 波条件下各测点 *X* 向峰值加速度

测点号	峰值加速度					
	工况 7(0.1*g*)	工况 21(0.3*g*)	工况 26(0.4*g*)	工况 29(0.5*g*)	工况 35(0.6*g*)	工况 42(0.7*g*)
1	0.114*g*	0.338*g*	0.432*g*	0.538*g*	0.625*g*	0.711*g*
2	0.113*g*	0.328*g*	0.427*g*	0.532*g*	0.622*g*	0.709*g*
3	0.109*g*	0.325*g*	0.418*g*	0.527*g*	0.620*g*	0.704
4	0.136*g*	0.387*g*	0.485*g*	0.579*g*	0.648*g*	0.723*g*
5	0.125*g*	0.379*g*	0.439*g*	0.553*g*	0.637*g*	0.707*g*
11	0.159*g*	0.429*g*	0.536*g*	0.617*g*	0.683*g*	0.744*g*
6	0.146*g*	0.396*g*	0.505*g*	0.575*g*	0.657*g*	0.722*g*
7	0.137*g*	0.370*g*	0.465*g*	0.543*g*	0.616*g*	0.685*g*
8	0.137*g*	0.367*g*	0.455*g*	0.546*g*	0.632*g*	0.707*g*
9	0.142*g*	0.382*g*	0.483*g*	0.574*g*	0.669*g*	0.739*g*
10	0.149*g*	0.402*g*	0.507*g*	0.609*g*	0.708*g*	0.782*g*
14	0.162*g*	0.448*g*	0.564*g*	0.664*g*	0.760*g*	0.828*g*

表 4-4(续)

测点号	峰值加速度					
	工况 7(0.1g)	工况 21(0.3g)	工况 26(0.4g)	工况 29(0.5g)	工况 35(0.6g)	工况 42(0.7g)
15	0.186g	0.518g	0.627g	0.715g	0.810g	0.895g
17	0.186g	0.514g	0.624g	0.714g	0.799g	0.878g
18	0.180g	0.512g	0.610g	0.702g	0.772g	0.862g
19	0.180g	0.502g	0.603g	0.693g	0.763g	0.843g
16	0.179g	0.493g	0.596g	0.685g	0.750g	0.821g
13	0.168g	0.467g	0.557g	0.642g	0.713g	0.781g
12	0.152g	0.419g	0.519g	0.609g	0.695g	0.749g
A0	0.097g	0.281g	0.381g	0.503g	0.607g	0.709g

表 4-5 汶川波条件下各测点 X 向峰值加速度

测点号	峰值加速度					
	工况 8(0.1g)	工况 17(0.2g)	工况 22(0.3g)	工况 30(0.5g)	工况 36(0.6g)	工况 43(0.7g)
1	0.130g	0.233g	0.335g	0.562g	0.647g	0.728g
2	0.129g	0.230g	0.331g	0.558g	0.644g	0.722g
3	0.126g	0.229g	0.317g	0.537g	0.618g	0.715g
4	0.143g	0.262g	0.374g	0.608g	0.685g	0.766g
5	0.137g	0.255g	0.371g	0.585g	0.679g	0.759g
11	0.165g	0.306g	0.435g	0.673g	0.776g	0.852g
6	0.153g	0.271g	0.398g	0.606g	0.702g	0.782g
7	0.144g	0.261g	0.362g	0.587g	0.674g	0.753g
8	0.142g	0.258g	0.358g	0.575g	0.659g	0.732g
9	0.148g	0.264g	0.376g	0.592g	0.682g	0.761g
10	0.159g	0.285g	0.403g	0.638g	0.726g	0.796g
14	0.174g	0.311g	0.437g	0.694g	0.782g	0.847g
15	0.191g	0.363g	0.485g	0.746g	0.837g	0.917g
17	0.191g	0.359g	0.479g	0.745g	0.819g	0.906g
18	0.187g	0.350g	0.474g	0.735g	0.805g	0.893g
19	0.187g	0.344g	0.468g	0.718g	0.799g	0.875g
16	0.183g	0.336g	0.464g	0.705g	0.792g	0.862g

表 4-5(续)

测点号	峰值加速度					
	工况 8(0.1g)	工况 17(0.2g)	工况 22(0.3g)	工况 30(0.5g)	工况 36(0.6g)	工况 43(0.7g)
13	0.171g	0.325g	0.452g	0.694g	0.781g	0.848g
12	0.162g	0.302g	0.422g	0.671g	0.752g	0.819g
A0	0.104g	0.204g	0.292g	0.503g	0.607g	0.708g

表 4-6　正弦波条件下各测点 *X* 向峰值加速度

测点号	峰值加速度					
	工况 9(0.1g)	工况 10(0.1g)	工况 18(0.2g)	工况 19(0.2g)	工况 23(0.3g)	工况 24(0.3g)
1	0.098g	0.165g	0.238g	0.028g	0.049g	0.071g
2	0.092g	0.163g	0.231g	0.026g	0.048g	0.068g
3	0.089g	0.163g	0.225g	0.026g	0.048g	0.067g
4	0.101g	0.186g	0.265g	0.029g	0.055g	0.079g
5	0.097g	0.181g	0.261g	0.028g	0.053g	0.077g
11	0.115g	0.215g	0.308g	0.034g	0.064g	0.091g
6	0.108g	0.192g	0.281g	0.031g	0.057g	0.083g
7	0.102g	0.185g	0.258g	0.030g	0.055g	0.076g
8	0.101g	0.183g	0.255g	0.029g	0.054g	0.076g
9	0.105g	0.187g	0.266g	0.030g	0.054g	0.078g
10	0.113g	0.202g	0.285g	0.032g	0.059g	0.084g
14	0.124g	0.221g	0.311g	0.035g	0.064g	0.091g
15	0.137g	0.257g	0.343g	0.039g	0.075g	0.101g
17	0.136g	0.253g	0.341g	0.039g	0.074g	0.100g
18	0.133g	0.249g	0.336g	0.038g	0.073g	0.099g
19	0.132g	0.244g	0.332g	0.038g	0.071g	0.098g
16	0.129g	0.239g	0.328g	0.037g	0.070g	0.097g
13	0.122g	0.231g	0.321g	0.034g	0.067g	0.094g
12	0.114g	0.214g	0.309g	0.032g	0.062g	0.091g
A0	0.101g	0.030g	0.197g	0.052g	0.293g	0.086g

图 4-7 为无支挡结构模型路基在压缩地震波($C_t=9.846$)X 向激励下,沿主断面上边坡、下边坡和中心线加速度放大倍数的分布情况。其中,图例括号内数值为台面 X 向峰值加速度。图 4-8 为无支挡结构模型路基在压缩地震波($C_t=9.846$)XZ 双向激励下,沿主断面上边坡、下边坡和中心线加速度放大倍数的分布情况。

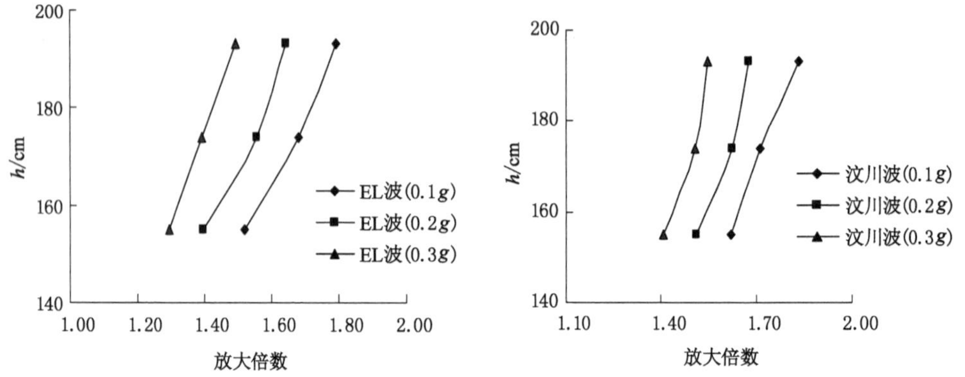

(a) 上边坡

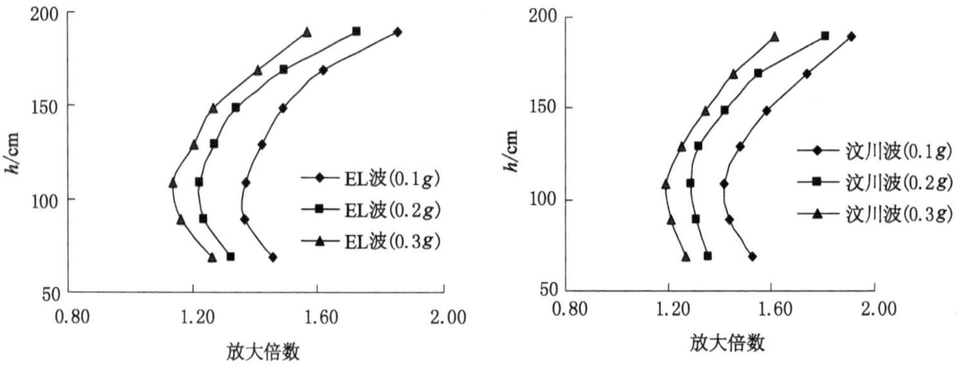

(b) 下边坡

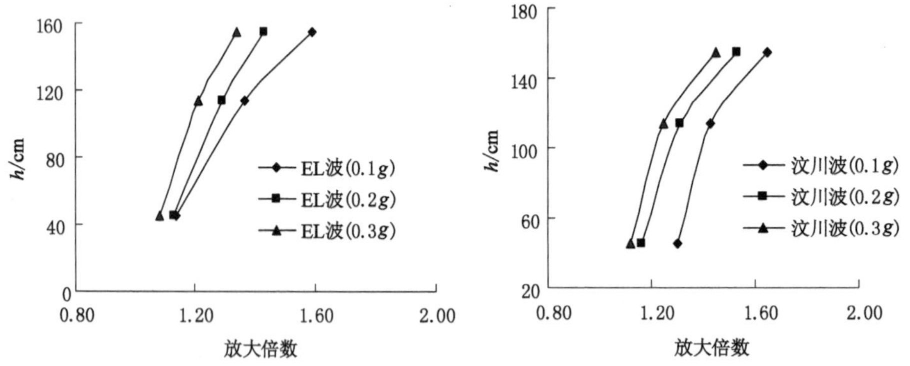

(c) 中心线

图 4-7 无支挡结构模型路基在压缩地震波($C_t=9.846$)X 向激励下,沿主断面上边坡、下边坡和中心线加速度放大倍数的分布情况

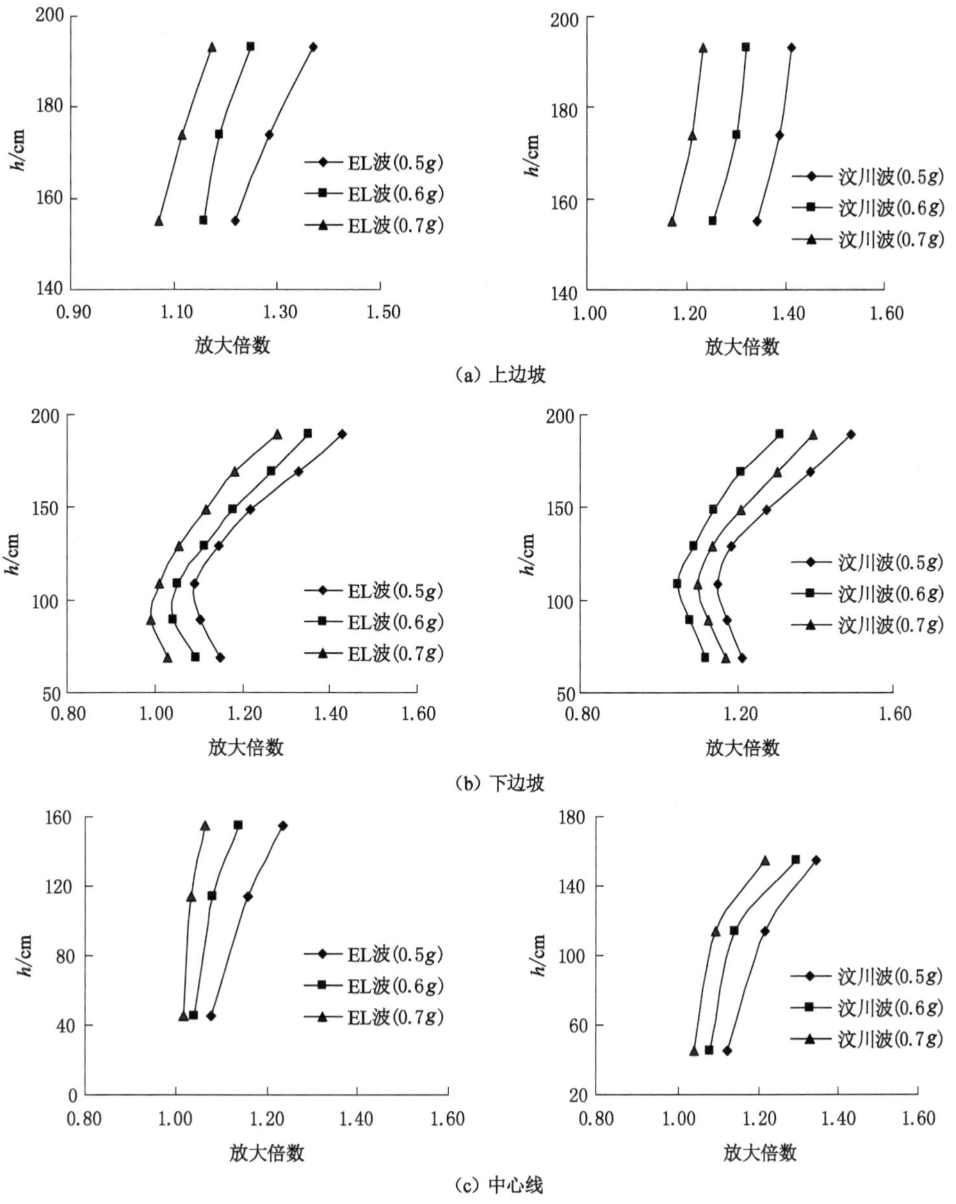

图 4-8　无支挡结构模型路基在压缩地震波(C_t=9.846)XZ 双向激励下，沿主断面上边坡、下边坡和中心线加速度放大倍数的分布情况

由图 4-7 和图 4-8 可知，与有支挡结构模型路基一样，峰值加速度最大值发生在路基顶部，路基不同测点峰值加速度放大倍数随着台面输入峰值加速度的增大而逐渐减小，但减小的幅度视位置的不同而不同。对于下边坡测点，随着测点高程的不同，峰值加速度放大倍数随台面输入峰值加速度的增大而变化的规律有所差异，如当台面输入峰值加速度较小时，下边坡 h=95 cm 处的加速度放大倍数最小，而当台面输入峰值加速度较大时，下边坡 h=105 cm 处的加速度放大倍数最小，最小峰值加速度放大倍数的测点位置有上移的趋势。

由图 4-7 和图 4-8 还可看出，在 C_t＝9.846 时的压缩 EL 波激励下，各测线上加速度放大倍数的分布规律与在 C_t＝9.846 时的压缩汶川波激励下的相似，但有所差异，除了加速度放大倍数的不同外，加速度放大倍数的变化规律有所不同，随着高程的逐渐增加，汶川波作用下加速度放大倍数增长速度较快。

4.1.3 模型路基不同测点地震波的差异

由于受模型土体材料和路基坡面的影响，当输入的地震波沿路基向上传播时，路基边坡坡面及路基内的加速度反应时程与台面输入的加速度时程是不同的：① 路基各测点加速度响应沿坡面向上显著增强；② 路基各测点地震波频谱成分与台面输入地震波频谱成分存在明显的差异；③ 由于路基边坡的反射作用，路基内产生了许多不同方向和不同类型的反射波。

（1）地震波频谱的差异

图 4-9 为工况 21（EL 波、X 向、0.3g）条件下，有支挡结构模型路基表面测点 16、模型路基内部测点 4 和台面测点 A0 的加速度反应时程曲线和傅里叶谱。由图 4-9 可知，自模型路基底部到顶部，模型的加速度反应逐渐增强，激起的幅值不断增大，体现出模型路基对输入地震波有放大的作用。由图 4-9 还可以看出，输入地震波经过模型路基传播后，其频谱特性发生了明显的有一定规律性的改变。一方面，模型土体自身材料存在阻尼，它能够消耗一部分地震波能量，对地震波存在一定的滤波作用；另一方面，模型土体能对地震波某些频段的能量作了放大。分析不同峰值强度地震波作用下的傅里叶谱还可发现，随着输入地震波峰值强度的增加，地震波能量衰减的频率范围变得更宽，地震波能量只能在更窄、更低的频率范围内获得加强，从而表现出了更强的滤波作用。

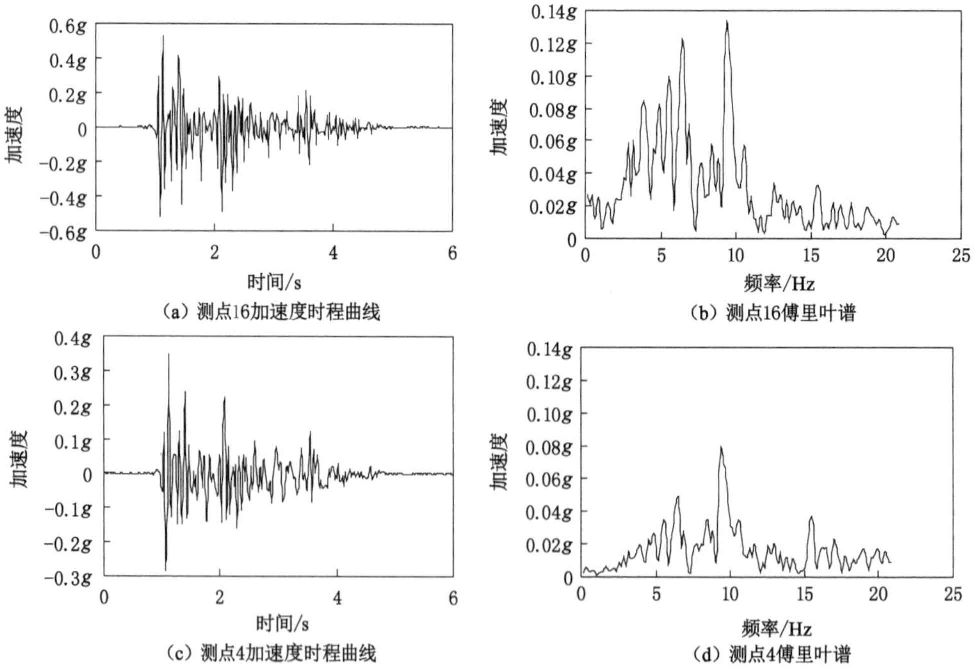

(a) 测点16加速度时程曲线　(b) 测点16傅里叶谱

(c) 测点4加速度时程曲线　(d) 测点4傅里叶谱

图 4-9　工况 21 条件下沿深度方向有支挡结构模型路基不同测点的加速度时程曲线和傅里叶谱

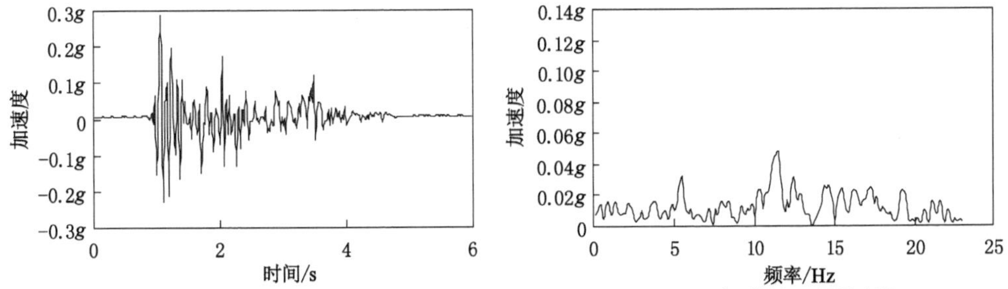

(e) 台面测点A0加速度时程曲线　　(f) 台面测点A0傅里叶谱

图 4-9(续)

(2) 模型路基输入水平地震波产生竖向地震波

根据地震波的反射透射原理,当由模型路基底部垂直入射的地震波传播到路基边坡时将产生新类型的地震波,各种类型的地震波相互叠加形成复杂的波场,使加速度响应在路基顶部增大。图 4-10 为工况 21 条件下有支挡结构模型路基在测点 16 处测得的竖向加速度时程曲线,充分证实了上述现象。

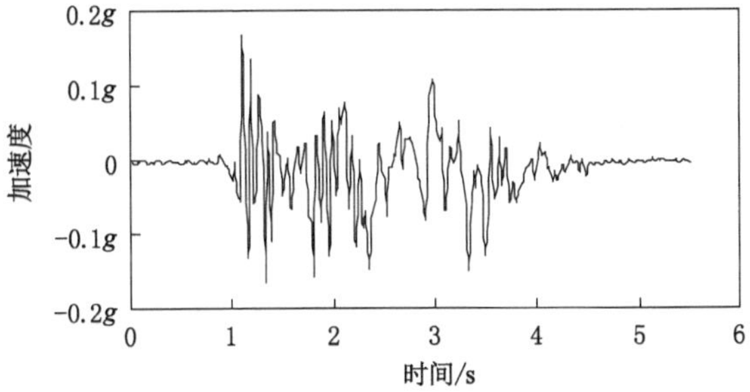

图 4-10　工况 21 条件下有支挡结构模型路基在测点 16 处测得的 Z 向加速度时程曲线

4.1.4 影响加速度反应的几个因素

为了研究可能影响模型路基在地震作用下加速度响应的因素,本小节以有支挡结构模型为分析对象,将振动台试验结果表示成各测点加速度放大倍数与台面输入地震波峰值的变化关系。图 4-11 为有支挡结构模型路基在不同地震波激励下,横断面下边坡上各测点加速度放大系数与台面输入峰值加速度关系的试验结果。图 4-11 中各测点的位置参见图 3-10 模型一。由图 4-11 可以看出,可能影响模型路基在地震作用下加速度响应的因素应包括地震波的类型、强度、测点位置、输入方向和频率等,为了弄清各种因素对路基动力反应的影响,分别讨论如下。

(1) 地震波类型

根据图 4-11 可以推测,对于不同类型的地震波,其各自的频谱成分不同,其引起的加速度响应是不同的。本模型路基振动台试验中对各种幅值的台面输入地震波均进行了试验。以工况 29 和工况 30 为例,图 4-12 给出了上述工况下模型一坡面不同测点处的峰值加速度放大倍数。从图 4-12 中可以看出,在汶川波作用下坡面峰值加速度放大倍数较在 EL 波作

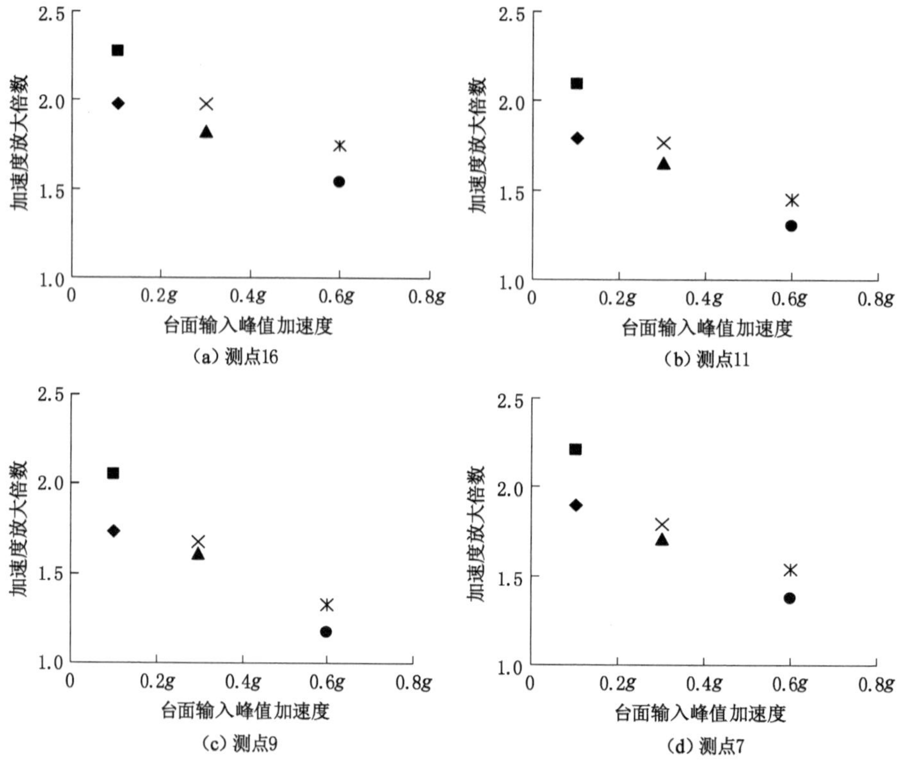

●—工况 37(汶川-X-0.6g);⋇—工况 36(汶川-XZ-0.6g);×—工况 22(汶川-X-0.3g);
▲—工况 21(EL-X-0.3g);■—工况 13(EL-X-0.1g);◆—工况 7(EL-X-0.1g)。

图 4-11　模型一在不同地震波激励下,横断面下边坡上各测点加速度放大倍数与台面输入峰值加速度关系的试验结果

用下的大。由此可见,由于不同输入地震波的频谱特性存在较大差异,加速度响应存在明显的差异。

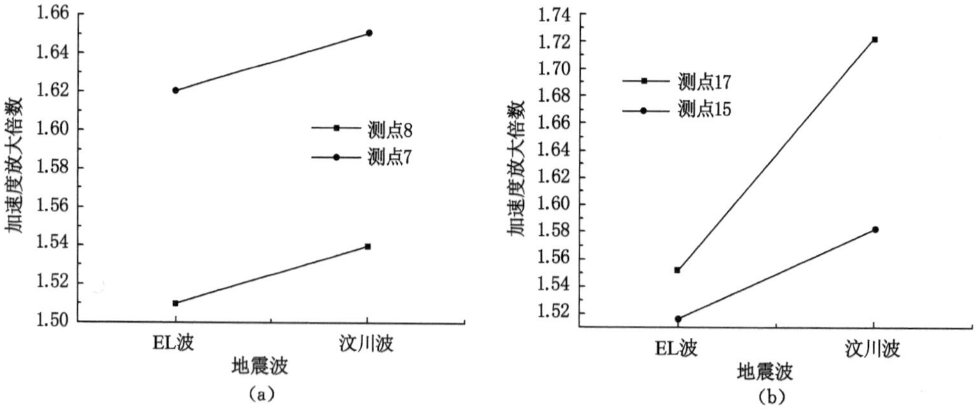

图 4-12　不同类型地震波作用下不同测点处峰值加速度放大倍数

(2) 地震波幅值

为研究地震波幅值对路基动力反应的影响，对 EL 波和汶川波进行了时间压缩比均为 9.846、幅值分别为 0.1g～0.7g 的振动台试验。试验结果表明，各种地震波作用下各测点加速度放大倍数 R 随台面输入地震波峰值加速度(A_{max})的增大而减小，大致可用函数式(4-1)来拟合：

$$R = A + B\lg A_{max} \tag{4-1}$$

如图 4-13 所示，各点系数 A 和 B 均列于表 4-7 中，A_{max}的单位采用 9.8 m/s^2。

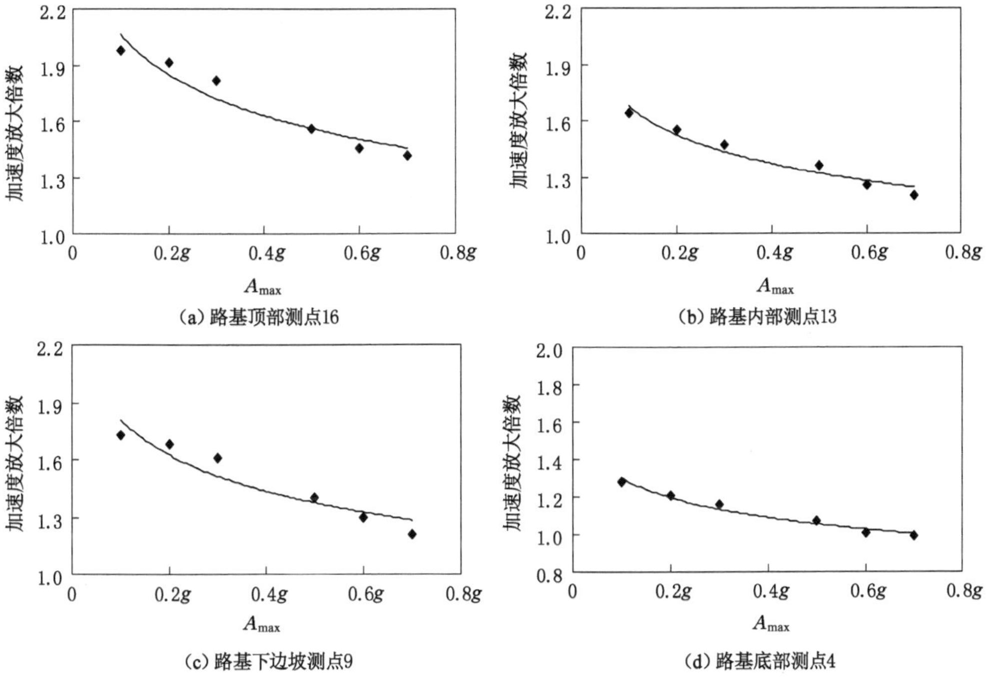

图 4-13　路基不同测点在 EL 波激励下加速度放大倍数与 A_{max}的关系

表 4-7　各测点的系数 A 和 B

系数	测点号			
	16	13	9	4
A	1.346	1.166	1.186	0.950
B	−0.311	−0.223	−0.271	−0.153

由图 4-13 可以看出，试验点离散性不是很大，但各测点变化规律不一样。模型路基底部测点加速度放大倍数较低，且基底变化相对比较平缓，最大加速度响应发生在模型路基顶部。模型路基的加速度放大倍数随 A_{max}的增大而减小，可以从模型路基材料的非线性和阻尼特性上得到解释。即模型路基变形随 A_{max}的增大而增大，模型路基剪切模量随着 A_{max}的增大而逐渐减小。同时，A_{max}增大，模型路基变形增大，因而模型路基材料的阻尼比增大。

(3) 地震波频率

为了探讨输入地震波频率对路基动力反应的影响，对 EL 波进行了幅值为 0.1g，时间压缩比分别为9.846、5.536、3.113、1.750的振动台试验。图4-14给出了相应工况下坡面测点16和测点8的加速度放大系数。

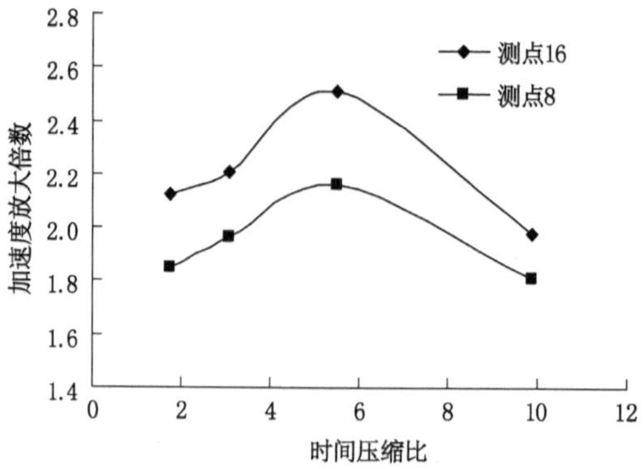

图4-14　不同时间压缩比条件下坡面测点处加速度放大倍数

由图4-14可以看出，随着输入地震波频率的增加，坡面测点加速度放大倍数是先增后减的。可见当时间压缩比为4～8时，路基的加速度放大倍数较大且地震动力反应明显，这种现象可能是因为该时间压缩比地震波的卓越频率接近模型路基自振频率。

(4) 测点位置

模型路基中测点位置不同，相应测点的加速度反应不同：

a. 当台面输入地震波的峰值加速度相同时，加速度的放大倍数随着高程的增加而逐渐增大，这种现象可以从图4-1和图4-2所示不同高程上各点的加速度放大倍数中看得很清楚。且这一规律与以前的经验和地震观测资料相吻合。

b. 对于高程相同的测点，上边坡测点的加速度略小于下边坡测点的加速度，其他高程相同的测点加速度放大倍数相差较小。且沿下边坡坡面向上，加速度峰值在挡土墙墙顶位置急剧增大，在路肩附近增幅较大。挡土墙及路肩等凸起处由于质量和刚度的突变，其地震反应放大效应加剧，所以路基下边坡测点的加速度放大倍数出现了图4-1所示的凹谷现象。

c. 路基下边坡重力式挡土墙各测点处加速度放大倍数沿墙面方向向上随挡土墙墙高的增大呈现递增趋势，在挡土墙顶部加速度放大倍数达到最大值。

d. 对于路基顶部表面测点，试验结果比较分散，一致表现出明显的放大效应，这表明加强路基表面保护的重要性。

(5) 多向输入

由图4-11不同测点 X 向和 XZ 双向工况条件下加速度放大倍数的关系可知下列情况：XZ 双向输入使测点测得的 X 向加速度反应比 X 向输入情况下测得的大(最大可大14%左右)，即 Z 向输入有使 X 向加速度增大的作用。

4.2　模型路基的位移反应

地震位移反应是路基结构重要震害特征之一，地震作用下位移的大小是震后路基安全性评价的重要依据之一，决定了震后路基修复加固技术方案的选择，因此在地震荷载作用下，填方路基可能发生的地震残余变形和位移是人们十分关心的问题。本节首先介绍了模型路基在模拟地震荷载作用下的基本地震位移试验结果，其次总结了模型路基的位移反应规律，最后分析了路基结构地震位移反应的影响因素。

4.2.1 有支挡结构模型路基的位移反应

在有支挡结构模型中共布置了 15 个位移传感器，以主断面布置为主，并在挡土墙的中心线上布置了 3 个测点，各测点均测定水平向（X 向）、竖直向（Z 向）两个方向的位移。具体的试验方案见表 3-6，模型的尺寸及位移传感器的布置如图 3-10 所示。图 4-15 为有支挡结构模型（模型一）在 $C_t=9.846$ 时的压缩 EL 波和压缩汶川波 X 向激励下，沿主断面上边坡和下边坡各测点 X 向位移的分布情况。其中，图例括号内数值为台面输入峰值加速度。图 4-16 为模型一在 $C_t=9.846$ 时的压缩 EL 波和压缩汶川波 XZ 双向激励下，沿主断面上边坡和下边坡各测点 X 向位移的分布情况。

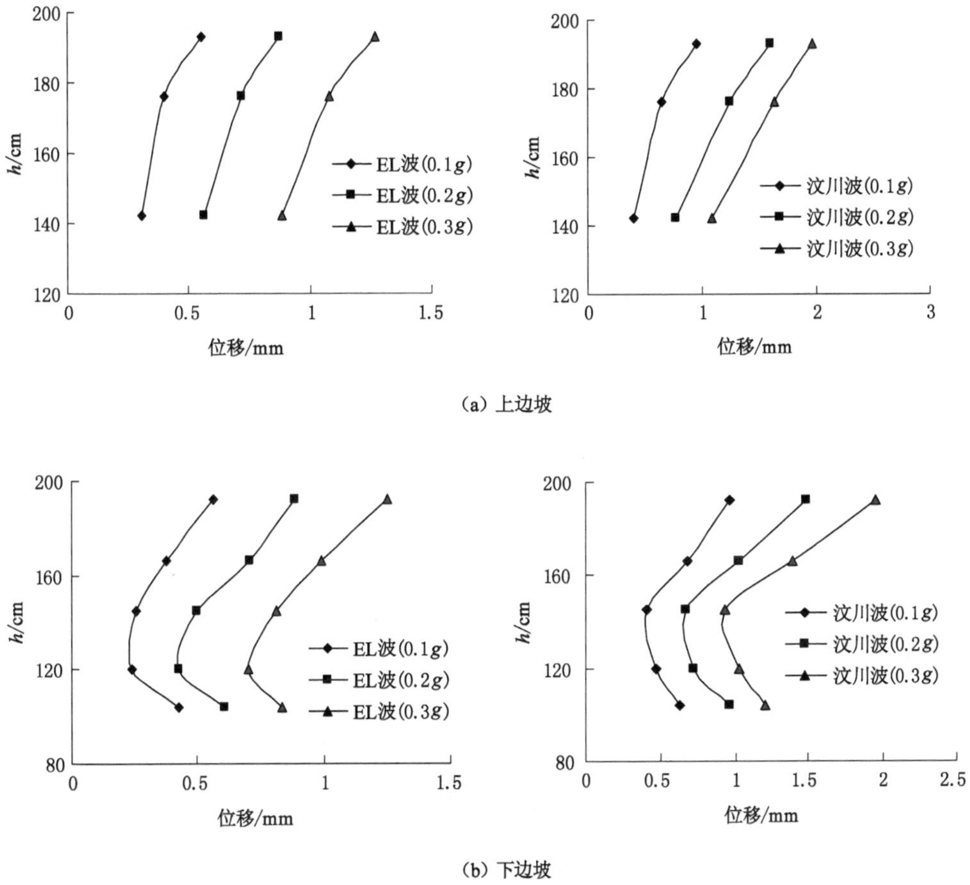

图 4-15 有支挡结构模型路基在压缩地震波（$C_t=9.846$）X 向激励下，沿主断面上边坡和下边坡各测点 X 向位移的分布情况

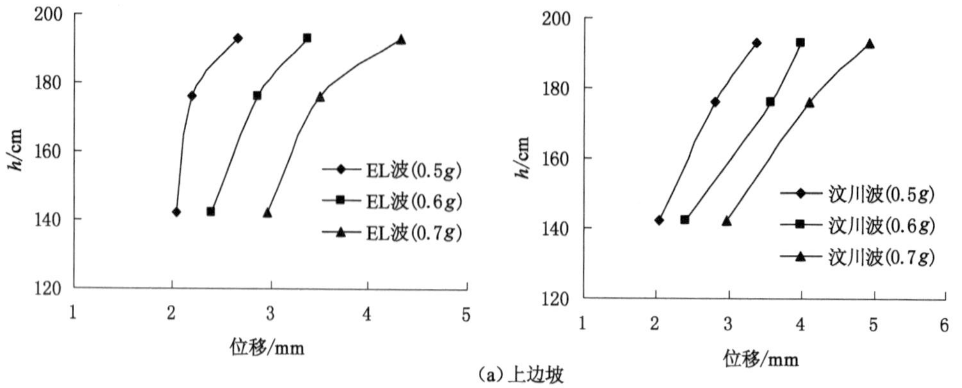

(a) 上边坡

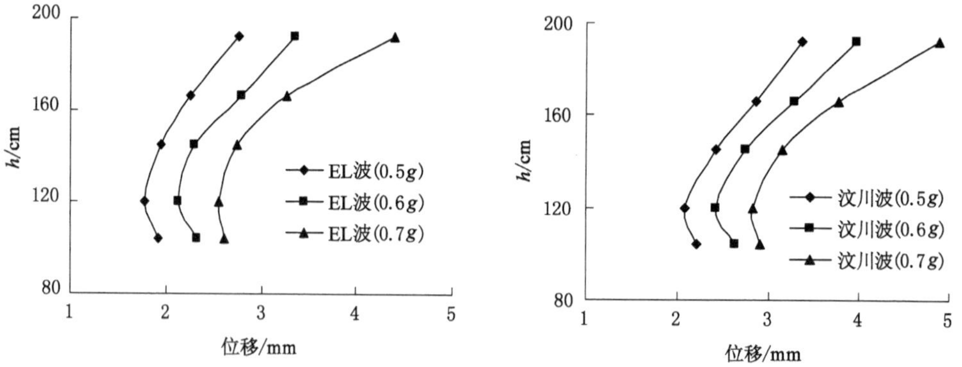

(b) 下边坡

图 4-16　有支挡结构模型路基在压缩地震波(C_t=9.846)XZ 双向激励下，沿主断面上边坡和下边坡各测点 X 向位移的分布情况

由图 4-15 和图 4-16 可以看出，路基地形对路基的地震动空间分布影响显著，对于模型路基上边坡和下边坡 X 向最大位移发生于模型路基顶部，各测点的 X 向最大位移随激励加速度的增大而增大；模型路基在输入地震波作用下的位移反应随着边坡高度的增加而逐渐增大，且沿高度方向的分布规律基本一致。对比图 4-15 和图 4-16 可知，对于路基 X 向位移反应，单向或双向的激励对其沿高度方向的分布规律影响不大。

图 4-17 为模型路基在 C_t=9.846 时的压缩 EL 波和压缩汶川波 X 单向激励下，沿主断面上边坡和下边坡各测点 Z 向位移的分布情况。图 4-18 为模型路基在 C_t=9.846 时的压缩 EL 波和压缩汶川波 XZ 双向激励下，沿主断面上边坡和下边坡各测点 Z 向位移的分布情况。

由图 4-17 和图 4-18 可以看出，X 向地震激励下路基各测点 Z 向的位移反应很小，有的部位 Z 向位移只有前述 X 向位移的 10%左右，远小于 X 向的位移，但模型路基上边坡和下边坡的 Z 向最大位移仍发生于模型路基顶部，且各测点的 Z 向最大位移也随激励加速度的增大而增大；模型路基在输入地震波作用下位移反应沿高度方向的分布规律基本一致，在路基下边坡测点 8 和测点 9 处位移最小，与沿路基高度方向加速度反应规律相吻合。

图 4-19 为模型路基在 C_t=9.846 时的压缩 EL 波激励下，沿挡土墙各测点位移的分布情况。通过分析对比图 4-15 至图 4-19，在位移反应沿路基高度分布方面可以得到以下基本规律：

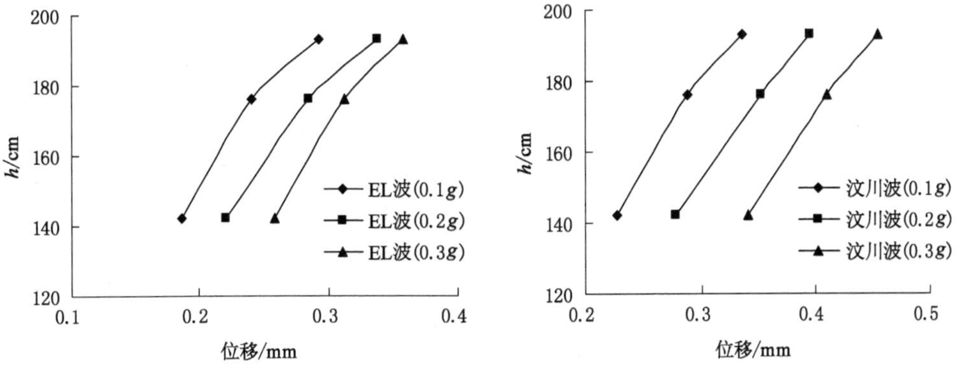

(a) 上边坡

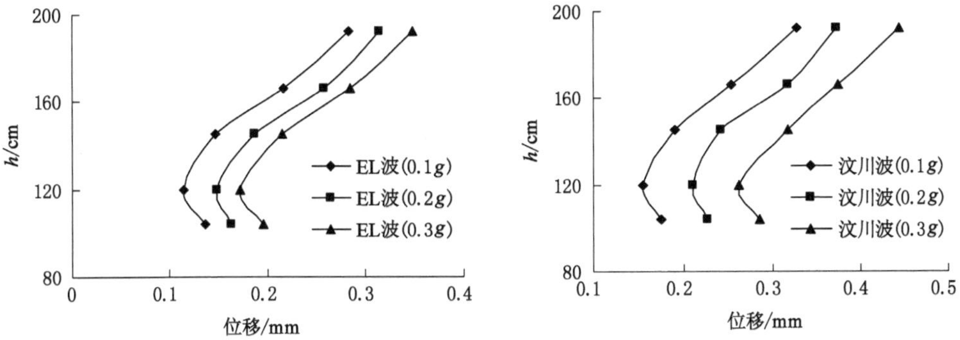

(b) 下边坡

图 4-17　有支挡结构模型路基在压缩地震波(C_t=9.846)X 单向激励下，沿主断面上边坡和下边坡各测点 Z 向位移的分布情况

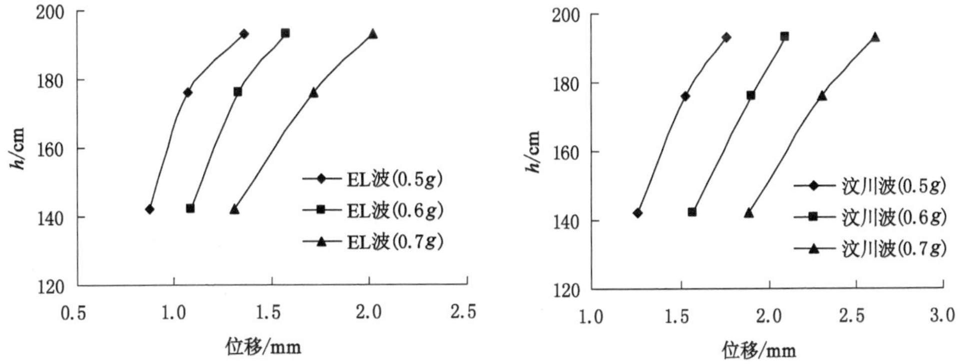

(a) 上边坡

图 4-18　有支挡结构模型路基在压缩地震波(C_t=9.846)XZ 双向激励下，沿主断面上边坡和下边坡 Z 向位移的分布情况

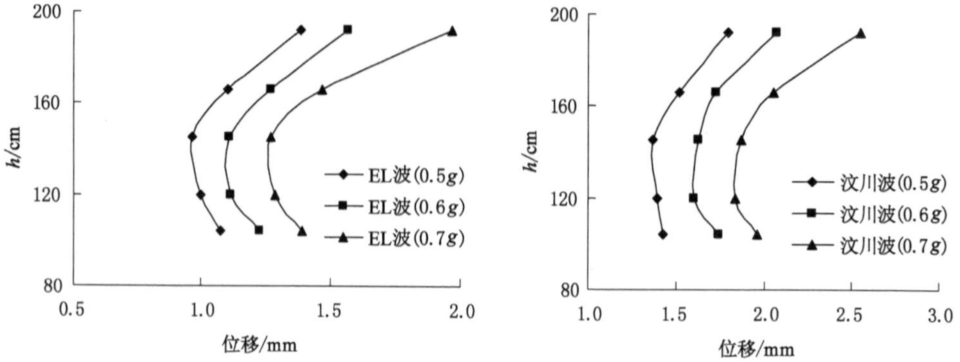

(b) 下边坡

图 4-18(续)

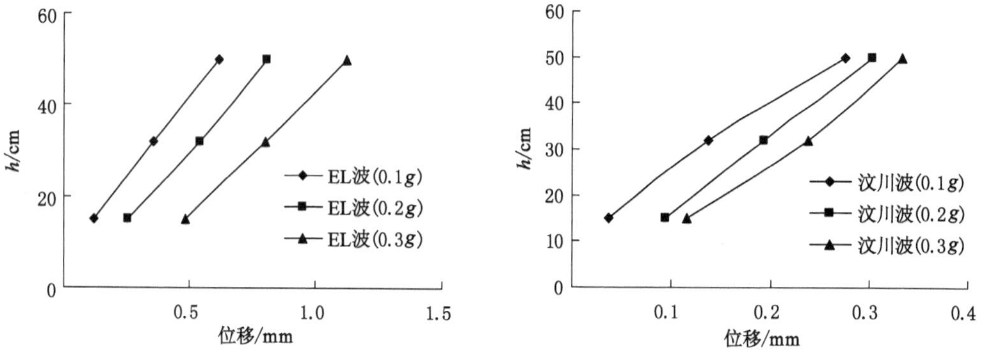

(a) X单向激励下X向位移　　(b) X单向激励下Z向位移

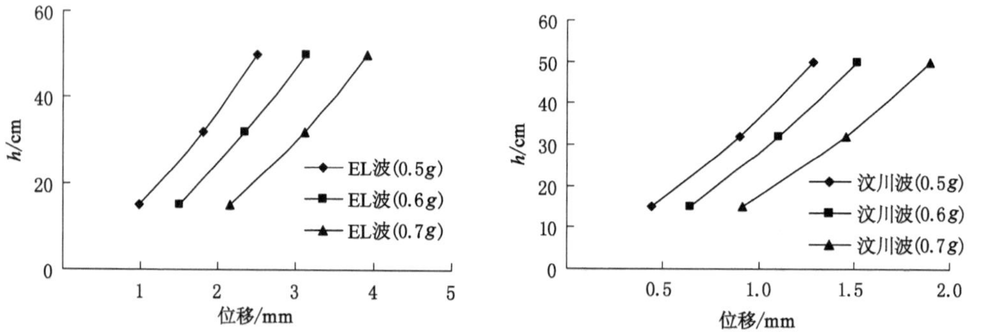

(c) XZ双向激励下X向位移　　(d) XZ双向激励下Z向位移

图 4-19　有支挡结构模型路基在压缩地震波(C_t=9.846)激励下，沿挡土墙各测点位移的分布情况

① 路基对地震位移反应空间分布影响显著，路基挡土墙顶部位移较大，在路基顶部的位移达到最大值，且对于整个模型路基，位移有随输入地震波峰值加速度的增大而增大的规律。

② 当输入地震波峰值一样但种类不同时，模型路基的位移反应不同，EL 波作用下的地震位移反应均小于汶川波作用下的位移反应，高频成分较多的 EL 波激励起的土体反应小于低频成分相对丰富的汶川波。

③ 在 X 单向输入地震波作用下，Z 向地震波的位移反应较小，但有随输入地震波峰值加速度的增大而增大的趋势；Z 向地震动有加大 X 向位移反应的作用，在路基顶部表现得比较明显。

4.2.2 无支挡结构模型路基的位移反应

在无支挡结构模型路基(模型二)中共布置了 13 个位移传感器，以主断面布置为主，各测点均测定 X、Z 两个方向的位移。具体的试验方案见表 3-6，模型的尺寸及位移传感器的布置如图 3-10 所示。图 4-20 为在 $C_t=9.846$ 时的压缩 EL 波和压缩汶川波 X 单向激励下，模型二沿主断面上边坡和下边坡各测点 X 向位移的试验结果。图 4-21 为模型二在 $C_t=9.846$ 时的压缩 EL 波和压缩汶川波 XZ 双向激励下，沿主断面上边坡和下边坡各测点 X 向位移的试验结果。

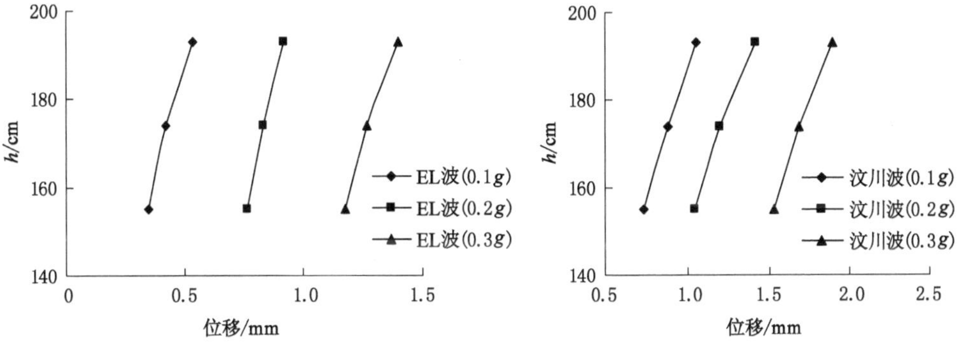

(a) 上边坡

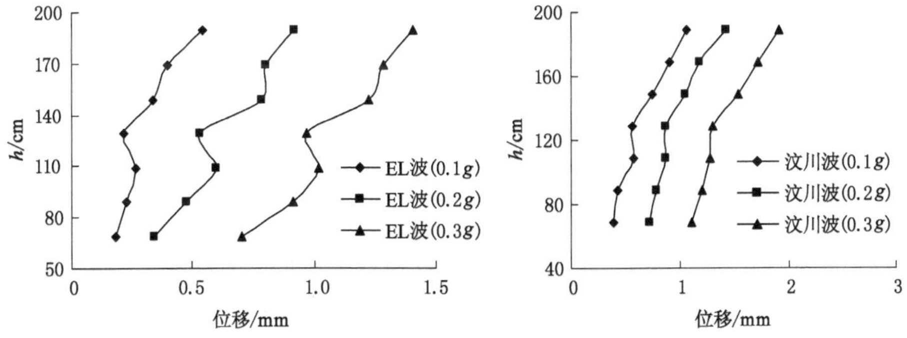

(b) 下边坡

图 4-20 无支挡结构模型路基在压缩地震波($C_t=9.846$)X 单向激励下，沿主断面上边坡和下边坡各测点 X 向位移的分布情况

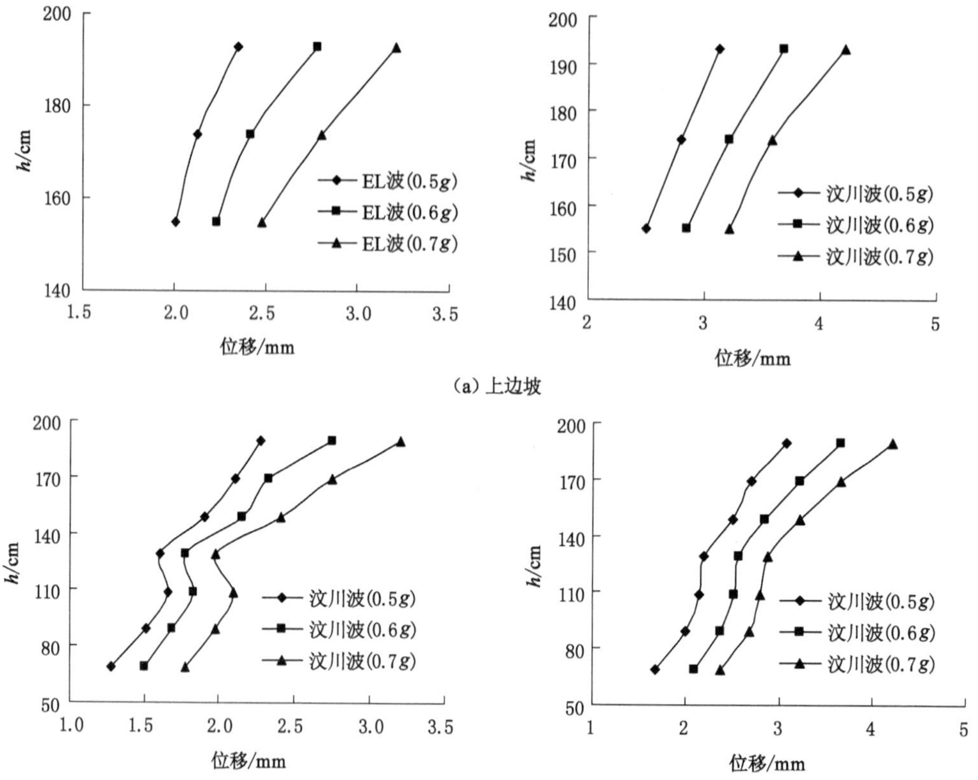

(a) 上边坡

(b) 下边坡

图 4-21 无支挡结构模型路基在压缩地震波($C_t=9.846$)XZ 双向激励下，沿主断面上边坡和下边坡各测点 X 向位移的分布情况

由图 4-20 和图 4-21 可以看出，在 $C_t=9.846$ 时的压缩 EL 波激励下，模型路基各测点最大位移的试验规律均与在 $C_t=9.846$ 时的压缩汶川波激励下的情况类似。模型路基上边坡和下边坡 X 向最大位移发生在模型路基顶部，各测点的 X 向最大位移随激励峰值加速度的增大而增大；模型路基上边坡在输入地震波作用下位移反应随着边坡高度的增加而逐渐增大，模型路基下边坡在 $h=130$ cm 处出现拐点。对比图 4-20 和图 4-21 还可看出，在地震波双向激励下路基各测点 X 向位移反应沿高度方向的增大趋势较强。

4.2.3 模型路基位移反应的几个影响因素

为了研究可能影响模型路基地震作用下位移反应各因素的变化规律，并确定不同地震波输入强度下的位移，本小节以有支挡结构模型(模型一)为分析对象，将振动台试验结果表示成不同地震波作用下，台面输入地震波峰值加速度与有代表性测点 X 向及 Z 向位移的变化关系。由模型的加速度反应及位移反应结果可知，模型一中的代表性测点是下边坡上的各测点，最危险位置为路基顶部测点和挡土墙顶部测点，试验结果见图 4-22。各测点的位置参见图 3-10(a)。

由图 4-22 以及图 4-15 至图 4-21 所示基本试验结果可以看出，与模型路基加速度反应的影响因素一样，影响位移反应的主要因素包括地震波类型、地震波强度、地震波频率、多

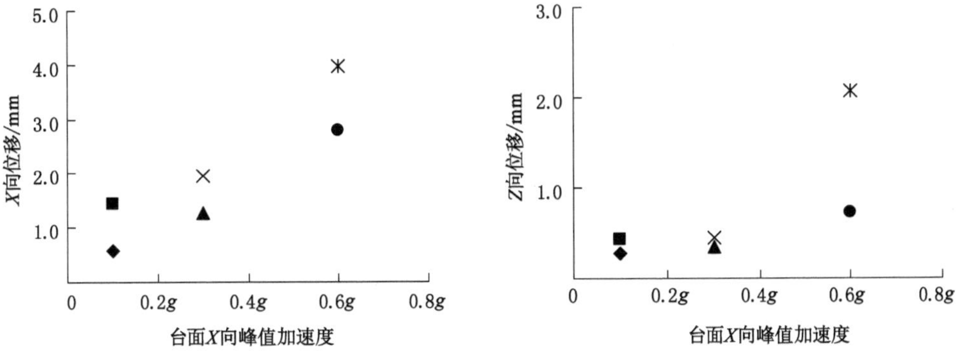

(a) 测点16

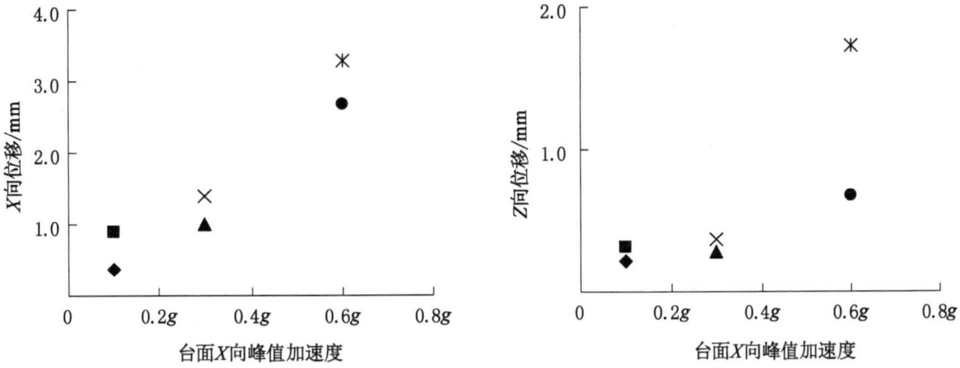

(b) 测点11

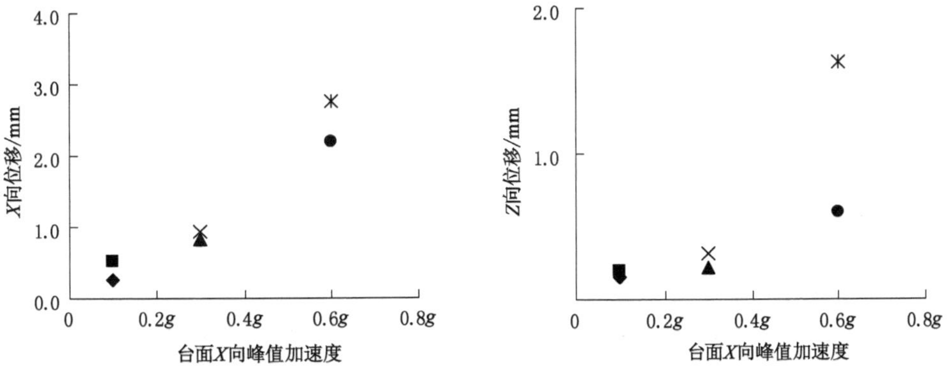

(c) 测点9

●—工况 37(汶川-*X*-0.6*g*);✳—工况 36(汶川-*XZ*-0.6*g*);×—工况 22(汶川-*X*-0.3*g*);
▲—工况 21(EL-*X*-0.3*g*);■—工况 13(EL-*X*-0.1*g*);◆—工况 7(EL-*X*-0.1*g*)。

图 4-22 有支挡结构模型路基在不同地震波激励下,沿主断面下边坡不同测点台面 X 向峰值加速度与位移的关系

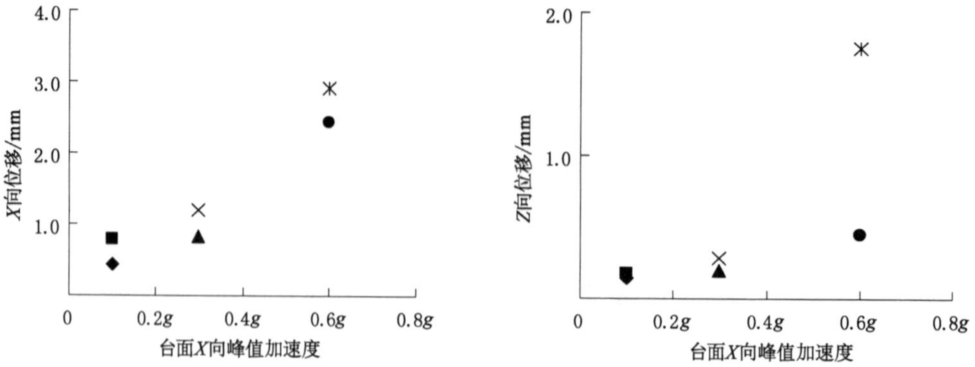

(d) 测点7

图 4-22(续)

向输入以及测点位置等。

(1) 地震波类型

从图 4-22 所示模型路基在 EL 波和汶川波激励下位移的试验结果中可以发现，汶川波作用下的位移反应大于相同时间比尺的 EL 波作用下的位移反应，这是因为不同输入地震波的频谱特性存在较大差异，当地震波的卓越频率与路基自振频率比较接近时，激发的位移反应明显增大。因此，地震波类型对路基地震位移反应存在一定的影响。

(2) 地震波幅值

台面输入地震波峰值加速度对模型路基位移等地震反应的影响是显然的，输入地震波峰值加速度越大，模型路基的位移反应越大，图 4-15 至图 4-22 中所示试验结果显著反映了这一特点。

(3) 地震波频率

为了探讨输入地震波频率对路基地震动力反应的影响，对 EL 波进行了幅值为 0.1g，时间压缩比分别为 9.846、5.536、3.113、1.750 的振动台试验。图 4-22 中给出了工况 7(C_t=9.846)和工况 13(C_t=3.113)条件下坡面测点的位移分布情况。可见，相同类型的地震波，频率不同，位移反应也不同，这种现象可能是因为地震波卓越频率与模型路基自振频率接近程度不同。

(4) 多向输入

由图 4-22 可得以下结论：

a. XZ 双向输入使测点测得的 X 向位移比 X 单向输入情况下测得的 X 向位移大，Z 向地震波的输入，似有使 X 向位移反应增大的趋势。

b. 多向(XZ 向)地震输入和单向(X 向)地震输入引起的路基位移反应总体上有较显著差异，尤其是在竖直方向的位移反应。

(5) 测点位置

模型路基中测点位置不同，则相应测点的位移反应不同，这与不同测点处的加速度反应不同类似：

a. 当输入地震波的台面峰值加速度相同时，位移随着高程的增加而逐渐增大，这种现象可以从图 4-15 和图 4-21 不同高程各测点的位移分布中看得很清楚。

b. 路基下边坡重力式挡土墙各测点处位移沿墙面方向向上，随挡土墙墙高的增大呈现递增趋势，在挡土墙顶部位移达到最大值。

c. 对于路基顶部表面测点，试验结果比较分散，位移反应最大，这表明加强路基顶部保护的重要性。

4.3　模型路基挡土墙的动土压力变化规律

在有支挡结构的模型路基振动台试验中，模型路基挡土墙背后沿高度方向布置了 6 个动土压力传感器，表 4-8 和表 4-9 分别给出了 EL 波和汶川波作用下，振动台试验过程中各动土压力传感器测得的动土压力幅值。

表 4-8　EL 波作用下各测点实测动土压力幅值

高度/cm	动土压力幅值/kPa					
	$A_{max}=0.1g$	$A_{max}=0.2g$	$A_{max}=0.3g$	$A_{max}=0.5g$	$A_{max}=0.6g$	$A_{max}=0.7g$
0	11.13	15.40	19.99	27.03	30.28	32.92
11	8.13	11.40	16.24	20.78	23.93	26.97
23	4.27	5.45	6.81	7.72	10.97	12.86
34	2.63	3.58	4.47	4.76	5.94	6.86
46	4.09	5.54	6.42	5.89	7.23	8.49
57	4.96	6.35	7.50	8.22	11.63	13.86

表 4-9　汶川波作用下各测点实测动土压力幅值

高度/cm	动土压力幅值/kPa					
	$A_{max}=0.1g$	$A_{max}=0.2g$	$A_{max}=0.3g$	$A_{max}=0.5g$	$A_{max}=0.6g$	$A_{max}=0.7g$
0	14.48	20.36	24.16	31.42	34.34	37.45
11	13.82	18.04	22.01	25.23	29.52	32.13
23	5.51	7.32	8.77	9.41	12.36	14.66
34	3.22	4.53	5.61	6.34	8.13	9.69
46	5.22	7.19	8.19	10.35	11.81	13.85
57	5.78	7.74	9.56	12.09	13.97	16.48

依据表 4-8 和表 4-9 的记录结果，将不同加载工况下，沿挡土墙结构模型表面高度方向的动土压力变化规律示于图 4-23。图中横轴为动土压力的实测值 σ_w，纵轴为挡土墙的高度 h。由图 4-23 可见，σ_w 随台面输入地震波峰值加速度的增大而相应的增加，且相同峰值加速度下，汶川波作用下的值大于 EL 波作用下的值，且 X 单向激励下挡土墙的动土压力变化规律与 XZ 双向激励下挡土墙动土压力变化规律一致。与此同时，在沿挡土墙结构模型高度方向上，σ_w 呈中间小、两头大的外凸形状分布，而且随着台面输入地震波峰值加速度逐渐增大，凸起程度变化不大。

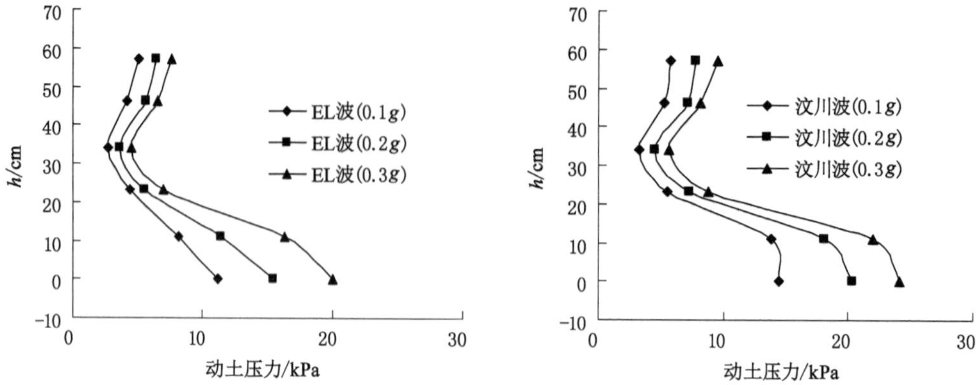

(a) X单向激励下

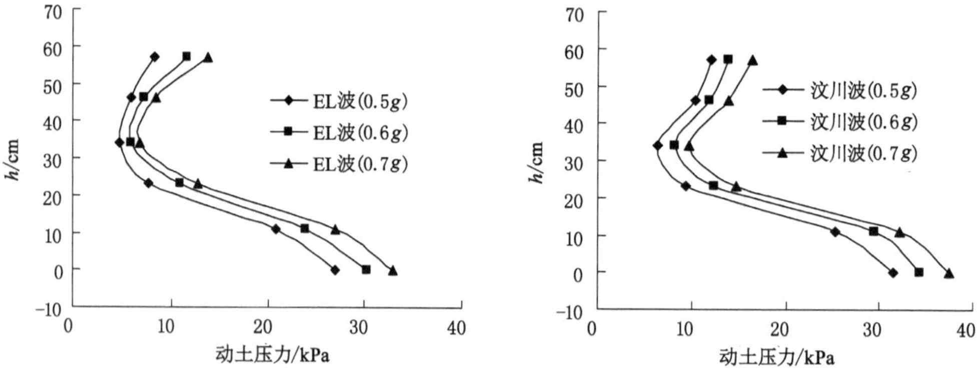

(b) XZ双向激励下

图 4-23　不同地震波激励下路基挡土墙沿高度方向的实测动土压力的变化规律

4.4　模型路基的破坏及抗震性能

在地震荷载作用下，填方路基可能发生的破坏和抗震性能是人们十分关心的问题。本节首先介绍了模型路基在振动试验过程中的破坏过程和破坏现象，并进行了机理分析；然后根据模型路基试验结果和汶川地震中有关路基的震害资料，对填方路基的抗震性能进行评价，并提出相应的抗震措施。

由于模型路基相似律只是在路基小应变范围内建立的，随着模型路基变形程度的不断增大，土体的弹塑性特征越来越明显，模型路基的试验结果由于不满足相似律所引起的相似误差将越来越显著。当模型接近破坏时，模型路基发生较大的塑性变形，模型填土的散粒体特性表现得愈加明显，不可能将模型试验的破坏结果换算到原型路基。

尽管在破坏阶段模型路基的试验结果不能反映到原型路基，但由于模型路基满足几何相似条件，且模型填土采用实际填土材料，并满足了模型材料的抗剪强度相似要求。因此，研究模型路基地震破坏现象和机理，对理解实际填方路基的地震破坏现象和机理仍然具有一定的参考意义。

试验中，对有支挡结构填方路基和无支挡结构填方路基两种模型进行了各种地震动峰值加速度从小到大逐级增大的振动试验，模型路基在各种地震水平条件下的损伤、发展情况主要通过加速度信号和位移信号分析以及路基表面观测等手段进行判断。试验过程全程录像，每次振动结束后，均对模型路基的破坏情况进行检查。

对于两种模型路基，当台面输入地震波峰值加速度较小时(0.1g)就可发现少量的滚砂现象，当台面输入地震波峰值加速度较大时(0.3g)，可观察到路基表面土体有松动和散落现象，这些现象都从路基顶部和挡土墙顶部位置开始，这和加速度放大倍数最大值测点位于路基顶部和挡土墙顶部附近是一致的。随着台面输入地震动峰值增大到0.4g，路基边坡发生开裂且发生土体松动的面积逐渐加大，最后发生较大面积的浅层滑动。

有支挡结构路基模型(模型一)最先开裂位置是挡土墙墙顶位置和路基顶部。图4-24和图4-25给出了模型一在振动台台面峰值加速度为0.6g时关键位置的破坏形态。试验中观测到，加载到0.4g EL波时，路基挡土墙顶部开始出现细小裂纹；当加载到0.4g汶川波时，路肩位置开始产生微细裂纹。随着台面输入地震波峰值加速度增加到0.7g，更多的裂缝出现在距路肩7 cm至15 cm的位置。在上边坡顶部发生的开裂与较早在下边坡顶部发生的开裂沿路肩发展汇合，上下边坡裂缝贯通(图4-26)，对路基的整体安全构成严重威胁。

图4-24　有支挡结构模型路基挡土墙顶部损伤图片

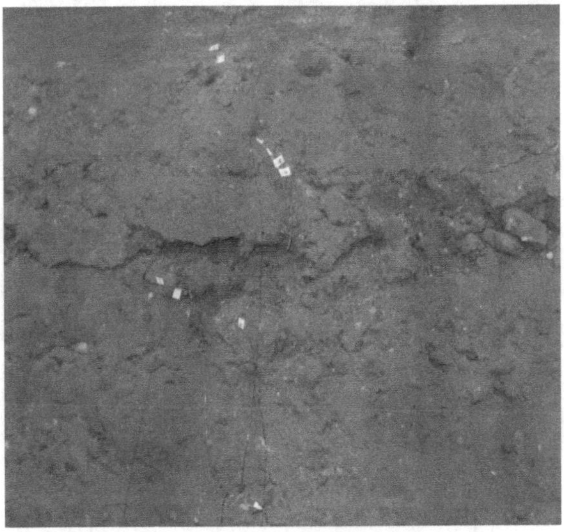

图4-25　有支挡结构模型路基顶部损伤图片

图 4-26　有支挡结构模型路基顶部裂缝贯通

无支挡结构路基模型(模型二)最先开裂位置是路基顶部,图 4-27 给出了模型二在台面输入地震波峰值加速度为 0.6g 时路基顶部的破坏形态。试验中观测到,在同级台面输入地震动下,无支挡结构模型路基的破坏程度比有支挡结构模型路基的破坏程度要大,当加载到 0.7g 时模型二已经坍塌,而此时模型一只不过是裂缝贯通,破坏严重而已(如图 4-28 所示),直到加载到 0.9g,模型一才发生崩塌。

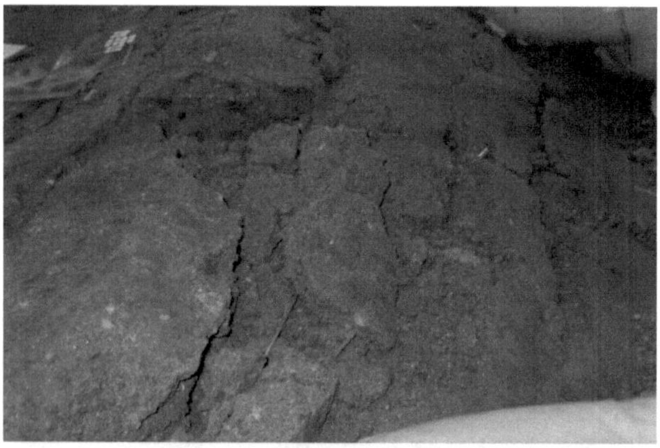

图 4-27　无支挡结构模型路基顶部损伤图片

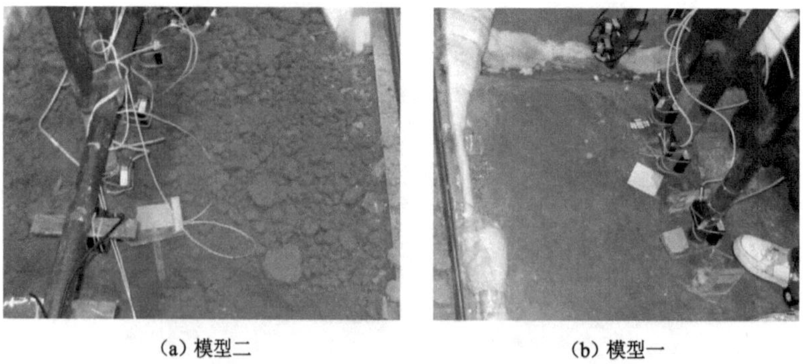

(a) 模型二　　(b) 模型一

图 4-28　模型二和模型一破坏程度图片对比

路基开裂是在试验结束时观测到的。裂缝贯穿整个路基，综合多种观测结果推测，这应该是在各级地震动加载后逐步扩大形成的。距开裂位置较近测点的加速度信号在路基开裂前后发生显著变化。位移时程基本对称表明位移测点及附近区域无明显开裂，突然发生较大拉位移表明测点位置受拉开裂。但试验测得的都是地震引起的动位移，因此仅以某一时刻的动位移值不能判断模型路基有无开裂。至峰值加速度为 0.9g 为止，没有观测到挡土墙的裂缝或其他破坏情况，这可能是挡土墙材料未能满足强度相似律的缘故。

试验结束后的开挖试验表明，振动后填方路基的密度稍有松动，但总体变化不大。结合试验过程中采集的录像及上述试验结果，可以得出有关填方模型路基破坏的几点认识：

① 当台面输入地震动较小（$A_{max} \leqslant 0.3g$）时，地震荷载对路基结构影响不大，路基损伤较小；当台面输入地震动较大（$A_{max} > 0.3g$）时，地震荷载使路基结构有损伤，且输入地震波峰值加速度越大，路基结构的损伤越严重。

② 当台面输入地震动较小时，模型路基的主要破坏形式是路基边坡滚砂或浅层松动，随着台面输入地震动的增大，在路基顶部和挡土墙顶部开始出现裂缝且滚砂或浅层松动的范围逐渐扩大，这与加速度放大倍数最大值发生在路基及挡土墙顶部相一致。

③ 有支挡结构模型路基的破坏程度与无支挡结构模型路基的破坏程度不同，无支挡结构的地震破坏程度稍大，这可能与路基自身结构形式以及试验离散性有关。

④ 试验没有观测到挡土墙发生裂缝或其他形式的破坏，这可能是挡土墙材料未能满足强度相似律的缘故。

4.5　有支挡结构原型路基的推导动力反应

根据相似理论定律，原型路基和模型路基的加速度和位移反应符合一定的相似规律，具体如表 3-7 填方路基振动台模型试验相似律所示。由表 3-7 可知，原型与模型之间的加速度和位移反应关系分别如下。

加速度相似律：

$$C_{\ddot{u}} = 1 \tag{4-1}$$

位移相似律：

$$C_u = C_l C_\gamma = C_\rho^{\frac{1}{2}} C_l^{\frac{3}{2}} \tag{4-2}$$

动土压力相似律：

$$C_\sigma = C_\rho C_l \tag{4-3}$$

对于有支挡结构模型路基，可得到其加速度相似常数 $C_{\ddot{u}}=1$、位移相似常数 $C_u=96.953$ 和动土压力相似常数 $C_\sigma=23.5$（见表 3-7）。由此可得到当由模型路基推至原型路基时在地震作用下，原型路基上下边坡的加速度峰值、位移峰值和动土压力峰值与输入地震波峰值加速度的关系，分别如图 4-29、图 4-30 和图 4-31 所示。从这些图中可见，由于加速度相似常数为 1.0，其变化规律及数值与模型路基的一样；对于位移和动土压力值均为模型的实测数值乘以相似常数，因此其变化规律与模型路基的一致，只是数值上有差异而已。

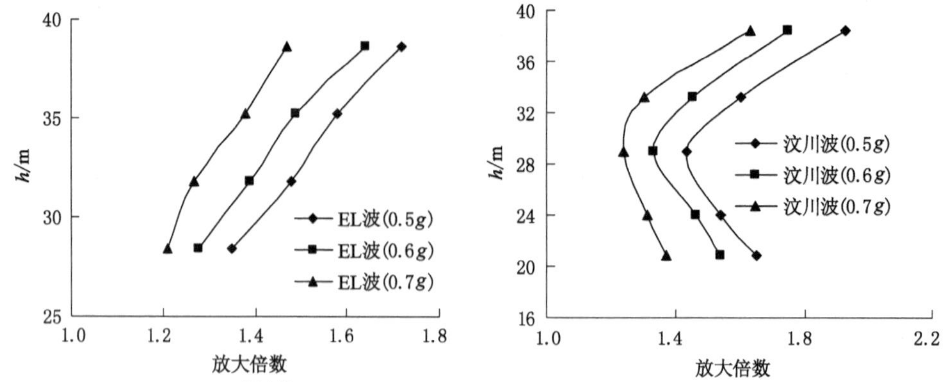

(a) 上边坡　　(b) 下边坡

图 4-29　由有支挡结构模型路基推算出的原型路基在地震波激励下，上下边坡水平向加速度放大倍数的分布情况

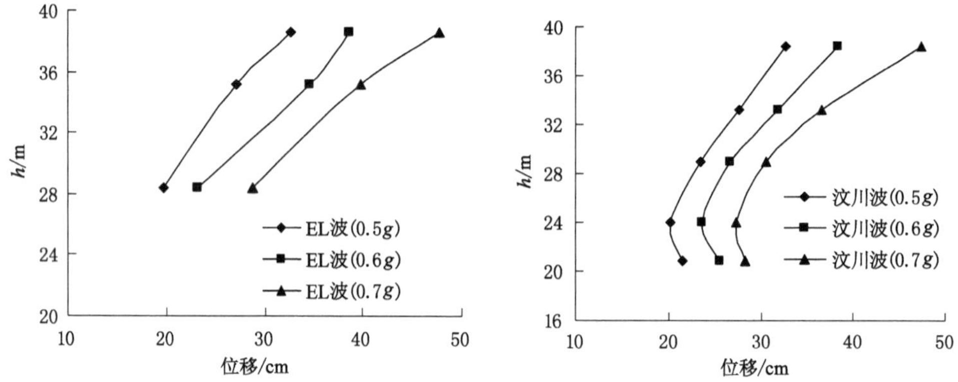

(a) 上边坡　　(b) 下边坡

图 4-30　由有支挡结构模型路基推算出的原型路基在地震波激励下，上下边坡水平向位移的分布情况

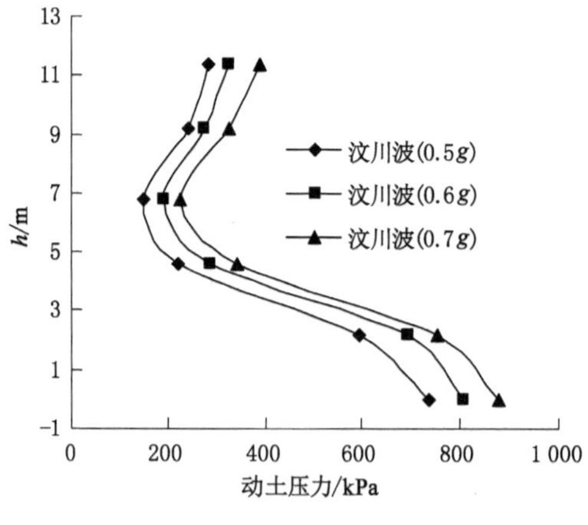

图 4-31　由有支挡结构模型路基推算出的原型路基在地震波激励下，挡土墙沿高度方向动土压力的变化规律

5 模型路基地震动力反应数值分析

虽然模型路基的振动台试验能够在一定程度上反映模型路基在不同地震波作用下的动力反应、破坏特征及破坏过程，但影响路基动力反应和破坏特征等的因素很多，室内振动台试验不可能考虑所有的影响因素，因此需要结合数值分析来进行对比研究。本章拟建立一个数值计算模型(内容包括模型计算范围的确定、动力边界条件的选用和地震波的输入等)，并对填方路基振动台模型试验进行数值模拟，然后将数值分析结果与振动台试验实测结果进行对照，从而在验证数值计算模型正确性的同时，进一步分析填方路基的动力反应规律等特性。

5.1 FLAC^{3D}动力分析

在岩土地震反应分析中，常用等效线性方法来描述地基土体中波的传播及土体与结构的动力相互作用，等效线性方法假定土体为黏弹性体，根据实验室得到的剪切模量和阻尼比对地震中每个单元的阻尼和模量赋值，从而进行动力反应分析。该方法概念明确，应用方便，且已经积累了丰富的经验，已被工程师和科研人员广泛接受。然而等效黏弹性模型存在明显的缺陷：使用振动荷载的平均值来估算每个单元的线性属性，且该平均值在振动过程中保持不变，在强震阶段将会使单元刚度变得太大而阻尼变得太小，在弱震阶段将会使单元刚度变得太小而阻尼变得过大；模量在加载和卸载时不变，不能计算土体的残余变形或位移；塑性屈服的模拟不尽合理；大应变时误差大，等效线性方法所用的切线模量与非线性的切线模量在大应变时相差很大，趋于不安全；不能考虑土体的各向异性；等等。由此可见，等效线性方法得到的地震反应并不是土体的真实地震反应。

非线性分析方法根据填土材料的实际变形特性是弹塑性的特点，以弹塑性模型为基础，考虑填土材料的物理力学性能时间和空间上的非线性，采用切线模量进行非线性动力反应分析，能够避免等价黏弹性模型的一些缺点，得到的地震反应能够较好地接近土体的真实地震反应。FLAC^{3D}采用完全非线性分析和显示差分方法求解全部运动方程，该方法具有如下特点：

① 可以遵循指定的非线性本构关系。如果模型本身能够反映土体在动力作用下的滞回特性，则程序不需要另外提供阻尼参数；如果采用瑞利阻尼或局部阻尼，则阻尼参数在动力计算中将保持不变。

② 采用非线性的材料定律，可以同时模拟纵波和横波的传播及两者的耦合，且不同频率的地震波之间可以自然地干涉和混合。

③ 由于采用了弹塑性模型，永久变形可以自动计算。

④ 采用合理的塑性方程，该方程使得塑性应变增量与应力相联系。

⑤ 可以方便地比较不同本构模型的差异及适用性。

5.1.1 边界条件的设置

$FLAC^{3D}$提供了静态(黏性)边界和自由场边界两种边界条件来处理动力分析时的边界问题。

(1) 静态边界

在岩土工程动力问题分析中,模型周围边界范围的选取是一个主要内容,分析模型的范围设置得越大,分析结果越好,但较大的模型会导致计算时间的大幅度增加。因此,$FLAC^{3D}$允许采用静态边界(黏性边界)条件来吸收边界上的入射波,静态边界是1969年Lysmer和Kuhlemeyer提出的,具体做法是在模型的法向和切向分别设置用于吸收入射波的阻尼器,阻尼器提供的法向阻尼力和切向阻尼力分别可由式(5-1)和式(5-2)给出:

$$t_{\mathrm{n}} = -\rho C_{\mathrm{P}} v_{\mathrm{n}} \tag{5-1}$$

$$t_{\mathrm{s}} = -\rho C_{\mathrm{S}} v_{\mathrm{s}} \tag{5-2}$$

式中 $v_{\mathrm{n}}, v_{\mathrm{s}}$——模型边界上法向和切向的速度分量;

ρ——介质密度;

$C_{\mathrm{P}}, C_{\mathrm{S}}$——P波和S波的波速。

根据弹性波传播理论,纵波和横波在介质中的传播速度可以用式(5-3)和式(5-4)求得:

$$C_{\mathrm{P}} = \sqrt{\frac{E(1-\mu)}{\rho(1+\mu)(1-2\mu)}} \tag{5-3}$$

$$C_{\mathrm{S}} = \sqrt{\frac{E}{\rho(1+\mu)}} \tag{5-4}$$

这种静态边界在吸收入射角大于30°的入射波时,基本能够完全吸收,当入射角较小时(比如面波)仍有一定的吸收能力,但吸收不理想。在$FLAC^{3D}$每一个计算时步中均计算t_{n}和t_{s},并将计算结果按照施加边界荷载的方式施加到边界上。需要注意的是,在动荷载施加期间,程序自动计算边界上的作用力,用户不能将静态边界条件去掉;因为静态边界上的作用力是根据边界上的速度分量计算得到的,因此不能在静态边界上施加加速度边界条件和速度边界条件。若需要在静态边界上施加动荷载,则只能输入应力时程,可以根据式(5-5)和式(5-6)将加速度、速度时程换算成相应的应力时程施加到静态边界上。

$$\sigma_{\mathrm{n}} = -2(\rho C_{\mathrm{P}}) v_{\mathrm{n}} \tag{5-5}$$

$$t_{\mathrm{s}} = -2(\rho C_{\mathrm{P}}) v_{\mathrm{s}} \tag{5-6}$$

式(5-5)和式(5-6)中的系数2表示施加的能量中只有一半是向上传播作为动力输入的,另一半向边界下部传播,式(5-5)和式(5-6)中加负号是为了使施加后节点的速度与实际速度一致。

(2) 自由场边界

对路基等结构进行地震反应数值分析时,在模型各边处的边界条件须看作没有人为边界的自由场运动。$FLAC^{3D}$通过在模型四周生成网格的方法来实现这种边界条件(图5-1),主体网格的侧边界通过阻尼器与自由场网格进行耦合,自由场网格的不平衡力作用到主体网格的边界上[式(5-7)至式(5-9)],自由场边界有了与无限场地相同的效果。

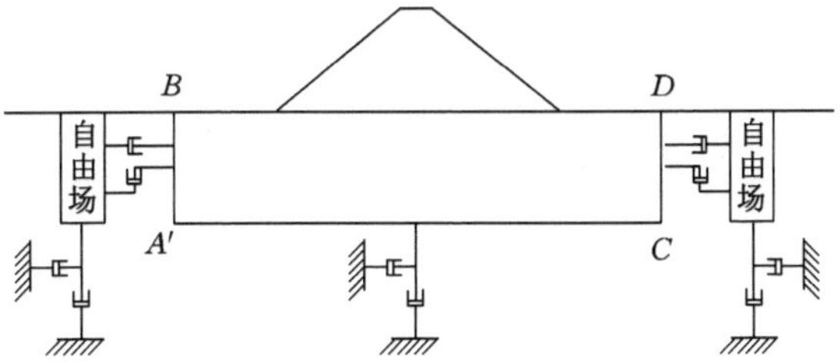

图 5-1 自由场边界示意图

$$F_x = -\rho C_P(v_x^m - v_x^{ff})A + F_x^{ff} \tag{5-7}$$

$$F_y = -\rho C_S(v_y^m - v_y^{ff})A + F_y^{ff} \tag{5-8}$$

$$F_z = -\rho C_S(v_z^m - v_z^{ff})A + F_z^{ff} \tag{5-9}$$

式中 v_x^m——边界主网格上节点 x 向的速度分量；

v_y^m——边界主网格上节点 y 向的速度分量；

v_z^m——边界主网格上节点 z 向的速度分量；

v_x^{ff}——边界自由场上节点 x 向的速度分量；

v_y^{ff}——边界自由场上节点 y 向的速度分量；

v_z^{ff}——边界自由场上节点 z 向的速度分量；

F_x^{ff}——边界自由场上节点 x 向的不平衡力；

F_y^{ff}——边界自由场上节点 y 向的不平衡力；

F_z^{ff}——边界自由场上节点 z 向的不平衡力；

A——每一个自由场节点所影响的面积。

5.1.2 动荷载类型和施加

可以在模型边界或者内部节点施加动荷载来模拟岩土体受到外部或内部动力作用时的反应，动荷载输入的可以是加速度时程、速度时程、应力时程和位移时程。值得注意的是，对于静态边界只能输入应力时程，可以根据式(5-5)和式(5-6)将加速度时程、速度时程换算成相应的应力时程施加到静态边界上。

5.1.3 阻尼的选取

(1) 瑞利阻尼

瑞利阻尼最初应用于弹性连续体的动力计算，用以减弱自然振动模式地震波的振幅。在计算时，假设阻尼矩阵 $\boldsymbol{C}$ 与质量矩阵 $\boldsymbol{M}$ 和刚度矩阵 $\boldsymbol{K}$ 有关，则瑞利阻尼表达式如下：

$$\boldsymbol{C} = \alpha\boldsymbol{M} + \beta\boldsymbol{K} \tag{5-10}$$

式中 α——与质量成比例的阻尼常数；

β——与刚度成比例的阻尼常数。

(2) 局部阻尼

局部阻尼是 FLAC^{3D}静力计算中通常采用的一种阻尼形式，但是可以用来分析动力问题，它通过在节点上减小或增加质量的方法实现收敛，且减小的单元质量和增加的单元质量相等。当节点速度的符号改变时增加节点质量，当速度达到极值时减小节点质量，因此损失的能量 ΔW 与最大瞬时应变能 W 有一定比值，且这个比值 $\Delta W/W$ 与频率无关。$\Delta W/W$（即 α_1）是临界阻尼比 D 的函数：

$$\alpha_1 = \pi D \tag{5-11}$$

式中　α_1——局部阻尼系数。

相对瑞利阻尼而言，局部阻尼不会减小时间步，而且不用求解系统的自振频率，但实践证明局部阻尼不能有效衰减复杂波形的高频部分，计算结果会产生一些高频噪声。

5.2　有支挡结构模型路基的计算分析

目前，由于填方路基地震动力反应实例相对较少，进行振动台试验是研究填方路基地震动力反应及变形破坏较客观的方法之一。然而，填方路基振动台试验研究的成本太高，只能针对几个模型进行有代表性的振动台试验。本节对振动台试验进行非线性数值模拟，利用 FLAC^{3D}分别针对不同工况下路基结构在地震激励时的动力反应进行分析，得到路基结构不同部位的位移及加速度的响应特点。将数值计算结果与振动台试验结果进行对比，可以更全面更系统地研究填方路基的地震动力反应规律等特性。

5.2.1　有支挡结构模型路基的构建

模型路基的计算区范围与模型箱尺寸一致，模型路基的几何尺寸与第 3 章振动台模型的实际尺寸一致（图 3-10），其中沿激振方向净长度为 3.2 m（含两侧防水海绵板，厚度均为 100 mm），宽度为 1.2 m，高度为 1.93 m。采用实体单元对模型路基以及防水海绵划分三维网格，其中模型路基和防水海绵的三维网格如图 5-2 所示。

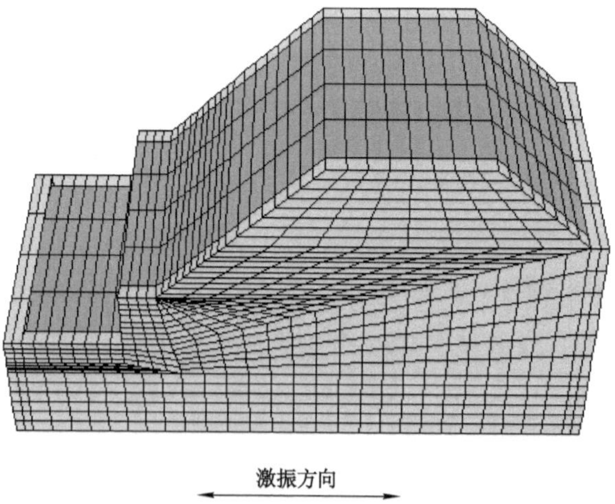

图 5-2　有支挡结构模型路基和防水海绵的三维网格

由于振动台试验采用的是刚性模型箱,侧壁刚度很大,且模型箱底板与侧壁焊接,在模型路基的振动台试验过程中,模型箱侧壁在振动过程中的变形可忽略不计。因此,根据模型路基振动台试验具体情况,计算时侧向边界取加速度值已知的边界,即模型路基4个侧面沿振动台激振方向的加速度取值均与振动台台面输入加速度一致,模型底面为竖向固定边界,模型顶面为自由变形边界。

数值计算输入的地震动采用了振动台模型试验中实际施加的地震波,且这些地震波均已按模型相似律进行了压缩。在数值计算中,填土材料与挡土墙的参数均直接采用振动台模型试验结果,路基初始应力采用静力计算的结果,动力计算采用莫尔-库仑模型。表5-1是模型路基的动力计算参数,图5-3为输入的归一化的地震波加速度时程曲线。

表5-1　模型路基的动力计算参数

材料名称	本构模型	密度/(kg/m^3)	E/MPa	泊松比	C/kPa	摩擦角/(°)
边坡土体	莫尔-库仑	1 920	50	0.33	30	31
填土	莫尔-库仑	1 837	40	0.33	28	29
挡土墙	弹性	2 200	3 000	0.17	—	—
防水海绵	莫尔-库仑	15	4	0.33	—	—

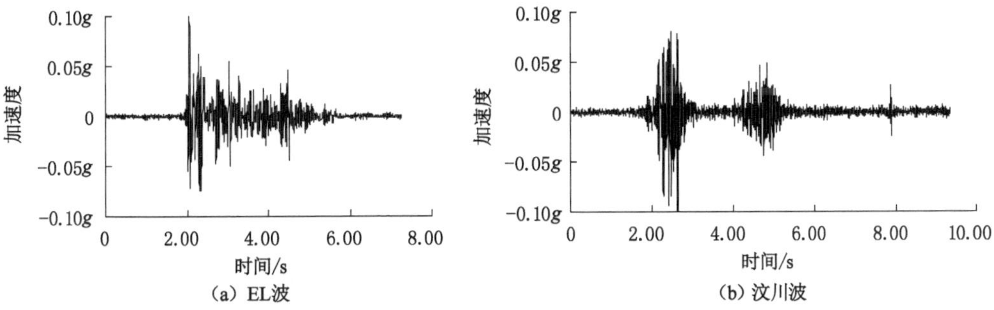

图5-3　地震波加速度时程曲线(归一化)

5.2.2　有支挡结构模型路基的计算结果与比较分析

(1) 加速度反应

模型路基振动台数值模型中测点的位置与实际振动台试验测点的位置一致(具体位置见图3-10),数值试验过程中记录了相应测点在不同输入荷载级别的EL波、汶川波和正弦波时的反应,地震波输入的方向分X单向和XZ双向,在同一次多向输入中,控制Z向加速度约为X向的2/3。

表5-2至表5-4为在不同输入地震波波形条件下,模型路基振动台数值模型各监测点的计算峰值加速度,其中A0处数据为台面输入峰值加速度。

表 5-2 汶川波条件下各测点 X 向计算峰值加速度

测点号	峰值加速度					
	工况 8(0.1g)	工况 17(0.2g)	工况 22(0.3g)	工况 30(0.5g)	工况 36(0.6g)	工况 43(0.7g)
7	0.233g	0.431g	0.593g	0.917g	1.076	1.235g
8	0.215g	0.393g	0.564g	0.908g	1.057g	1.192g
9	0.208g	0.382g	0.553g	0.873g	1.009g	1.130g
11	0.231g	0.409g	0.594g	0.929g	1.057g	1.169g
16	0.281g	0.477g	0.684g	0.981g	1.149g	1.313g
18	0.279g	0.473g	0.686g	0.961g	1.159g	1.316g
19	0.274g	0.459g	0.685g	0.960g	1.153g	1.301g
20	0.278g	0.466g	0.684g	0.966g	1.159g	1.255g
17	0.283g	0.484g	0.689g	1.074g	1.168g	1.314g
15	0.262g	0.441g	0.581g	0.941g	1.043g	1.140g
12	0.222g	0.391g	0.528g	0.891g	1.016g	1.083g
10	0.198g	0.358g	0.476g	0.847g	0.995g	1.066g
21	0.169g	0.355g	0.536g	0.780g	0.933g	1.013g
22	0.192g	0.386g	0.601g	0.830g	1.026g	1.132g
23	0.213g	0.409g	0.685g	0.911g	1.158g	1.347g
A0	0.1g	0.2g	0.3g	0.5g	0.6g	0.7g

表 5-3 EL 波条件下各测点 X 向计算峰值加速度

测点号	峰值加速度					
	工况 7(0.1g)	工况 16(0.2g)	工况 21(0.3g)	工况 29(0.5g)	工况 35(0.6g)	工况 42(0.7g)
7	0.196g	0.383g	0.562g	0.872g	1.027g	1.178g
8	0.189g	0.364g	0.538g	0.853g	1.008g	1.145 g
9	0.182g	0.352g	0.515g	0.836g	0.967g	1.071g
11	0.192g	0.374g	0.549g	0.884g	1.011g	1.091g
16	0.226g	0.417g	0.608g	0.945g	1.094g	1.232g
18	0.224g	0.414g	0.607g	0.943g	1.099g	1.230g
19	0.225g	0.416g	0.603g	0.942g	1.095g	1.217g
20	0.225g	0.415g	0.605g	0.945g	1.105g	1.183g
17	0.226g	0.429g	0.611g	0.947g	1.108g	1.236g
15	0.208g	0.398g	0.554g	0.885g	0.996g	1.126g
12	0.194g	0.368g	0.503g	0.842g	0.954g	1.075g
10	0.178g	0.328g	0.447g	0.791g	0.912g	1.014g
21	0.158g	0.291g	0.492g	0.708g	0.852g	0.884g
22	0.178g	0.336g	0.541g	0.784g	0.949g	0.959g
23	0.208g	0.366g	0.614g	0.868g	1.089g	1.141g
A0	0.1g	0.2g	0.3g	0.5g	0.6g	0.7g

表 5-4 正弦波条件下各测点 X 向计算峰值加速度

测点号	峰值加速度					
	工况 9(0.1g)	工况 10(0.2g)	工况 18(0.3g)	工况 19(0.5g)	工况 23(0.6g)	工况 24(0.7g)
7	0.168g	0.047g	0.319g	0.092g	0.424g	0.124g
8	0.153g	0.046g	0.289g	0.082g	0.406g	0.119g
9	0.145g	0.044g	0.276g	0.080g	0.387g	0.113g
11	0.159g	0.047g	0.288g	0.080g	0.404g	0.118g
16	0.203g	0.059g	0.348g	0.102g	0.471g	0.138g
18	0.201g	0.059g	0.345g	0.101g	0.466g	0.136g
19	0.198g	0.059g	0.340g	0.100g	0.453g	0.135g
20	0.196g	0.058g	0.337g	0.100g	0.448g	0.135g
17	0.185g	0.055g	0.333g	0.098g	0.443g	0.131g
15	0.168g	0.052g	0.293g	0.085g	0.404g	0.118g
12	0.140g	0.042g	0.252g	0.074g	0.358g	0.102g
10	0.120g	0.035g	0.233g	0.067g	0.328g	0.096g
21	0.124g	0.036g	0.232g	0.066g	0.330g	0.097g
22	0.134g	0.039g	0.259g	0.073g	0.366g	0.108g
23	0.147g	0.043g	0.276g	0.079g	0.388g	0.114g
A0	0.102g	0.031g	0.212g	0.052g	0.328g	0.089g

表 5-5 给出了有支挡结构模型路基部分测点 X 向峰值加速度放大倍数的计算值与试验值。无论数值计算结果还是振动台试验结果均在路基顶部及挡土墙顶部位置有加速度放大倍数的极大值。

表 5-5 有支挡结构模型路基部分测点 X 向峰值加速度放大倍数的计算值与试验值

X 向输入峰值加速度	地震波	测点 7 计算值	测点 7 试验值	测点 16 计算值	测点 16 试验值
0.1g	汶川波	2.33	2.12	2.81	2.58
	EL 波	1.96	1.90	2.26	1.98
0.2g	汶川波	2.16	2.01	2.39	2.19
	EL 波	1.92	1.81	2.09	1.91
0.3g	汶川波	1.98	1.79	2.28	1.98
	EL 波	1.87	1.71	2.03	1.82
0.5g	汶川波	1.83	1.65	1.96	1.93
	EL 波	1.74	1.62	1.89	1.56
0.6g	汶川波	1.79	1.54	1.92	1.75
	EL 波	1.71	1.51	1.82	1.46
0.7g	汶川波	1.76	1.39	1.88	1.63
	EL 波	1.68	1.36	1.76	1.42

图 5-4 绘出了表 5-5 中各方案所得的计算峰值加速度放大倍数随输入峰值加速度的变化情况。图 5-5 将表 5-5 中各方案所得的试验峰值加速度放大倍数与计算峰值加速度放大倍数随输入峰值加速度的变化情况进行了比较，比较时，对测点做了两种选取：一是采用模型路基顶部的数值（测点 16）；二是采用挡土墙顶部的数值（测点 7）。

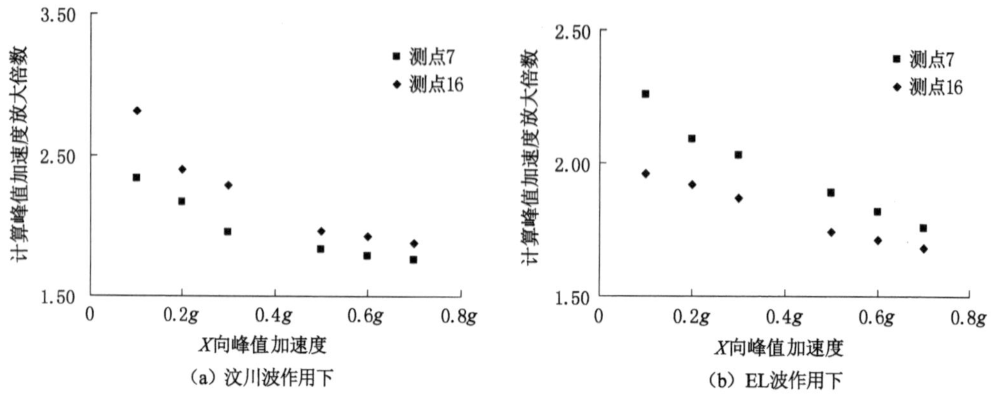

图 5-4　有支挡结构模型不同测点的计算加速度放大倍数与加速度峰值的关系

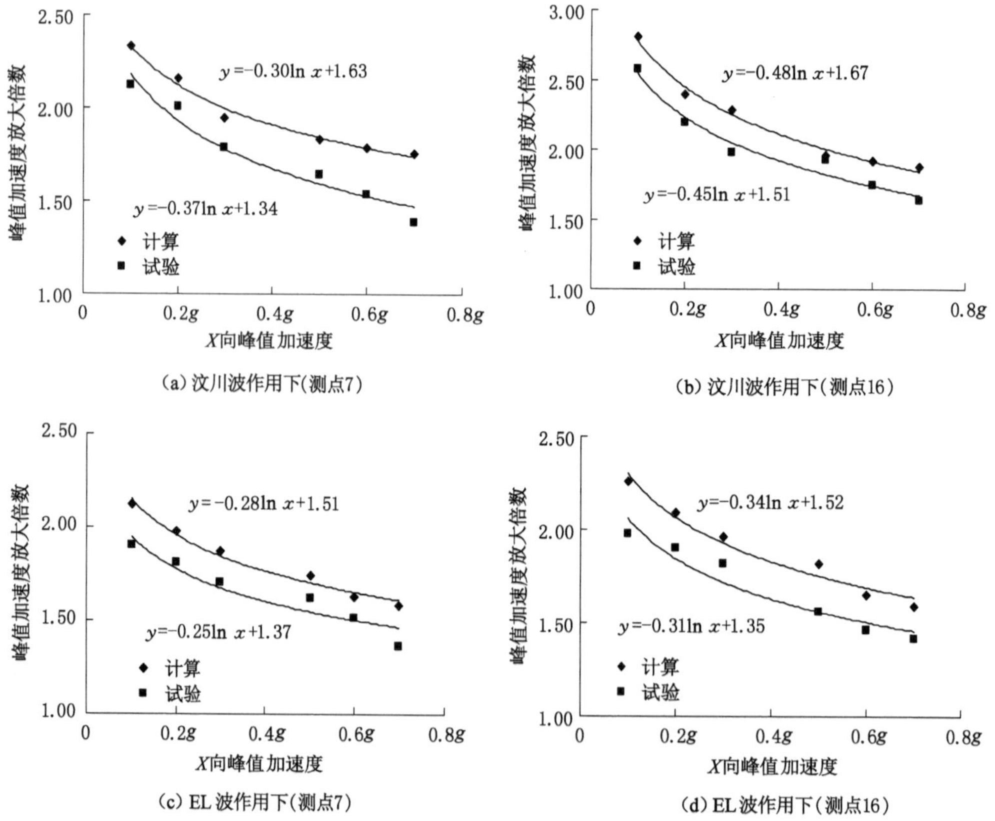

图 5-5　有支挡结构模型路基计算与试验加速度放大倍数的比较

将图 5-5 中两测点的计算峰值加速度与试验峰值加速度的放大倍数 R 均按式(5-12)作了回归,其中 A_{max}的单位采用 9.8 m/s^2:

$$R = A + B\lg A_{max} \tag{5-12}$$

在汶川波作用下,测点 7 计算值的回归系数 $A=1.63$,$B=-0.30$,试验值的回归系数 $A=1.34$,$B=-0.37$;测点 16 计算值的回归系数 $A=1.67$,$B=-0.48$,试验值的回归系数 $A=1.51$,$B=-0.45$。

在 EL 波作用下,测点 7 计算值的回归系数 $A=1.51$,$B=-0.28$,试验值的回归系数 $A=1.37$,$B=-0.25$;测点 16 计算值的回归系数 $A=1.52$,$B=-0.34$,试验值的回归系数 $A=1.35$,$B=-0.31$。

由表 5-2 至表 5-5 以及图 5-4 和图 5-5 可以看出,路基的峰值加速度放大倍数随着输入峰值加速度的增大而逐渐下降,大量的地震观测资料和研究报告早已揭示了这一现象,本次振动台模型数值计算结果与振动台模型试验结果再次验证了这一观点。

从定量的角度看,在汶川波作用下,式(5-12)中的系数 A 即 $A_{max}=0.1g$(相当于设防烈度为 7 度时的地震 X 向加速度代表值)时的加速度放大倍数,A 的范围为 1.3~1.7,分别采用数值计算和试验实测方法所得回归系数 A、B 值在计算出设防烈度为 7 度、8 度、9 度时路基顶部(测点 16)的加速度放大倍数,其结果列于表 5-6。在 EL 波作用下,式(5-12)中的系数 A 的范围为 1.3~1.6,分别采用数值计算和试验实测方法所得回归系数 A、B 值计算出设防烈度为 7 度、8 度、9 度时路基顶部(测点 16)的加速度放大倍数,其结果列于表 5-7。

表 5-6 汶川波作用下加速度放大倍数计算值与试验值的比较(测点 16)

方案	加速度放大倍数		
	$A_{max}=0.1g$	$A_{max}=0.2g$	$A_{max}=0.3g$
计算值($A=1.67$,$B=-0.48$)	2.77	2.44	2.25
试验值($A=1.51$,$B=-0.45$)	2.55	2.23	2.05

表 5-7 EL 波作用下加速度放大倍数计算值与试验值的比较(测点 16)

方案	加速度放大倍数		
	$A_{max}=0.1g$	$A_{max}=0.2g$	$A_{max}=0.3g$
计算值($A=1.52$,$B=-0.34$)	2.30	2.08	1.93
试验值($A=1.35$,$B=-0.31$)	2.06	1.85	1.72

从表 5-6 和表 5-7 中可以看出,与采用试验回归系数所得出的加速度放大倍数相比,采用计算回归系数所得出的加速度放大倍数略大,但试验值与计算值的最大差别不到 20%。

图 5-6 为有支挡结构模型路基在 EL 波和汶川波 X 单向激励下,沿主断面上边坡和下边坡各测点的计算加速度放大倍数的分布情况。其中,图例括号内数值为台面输入峰值加速度。图 5-7 为有支挡结构模型路基在 EL 波和汶川波 XZ 双向激励下,沿主断面上边坡和下边坡各测点的计算加速度放大倍数的分布情况。

由图 5-6 和图 5-7 以及第 4 章的图 4-1 和图 4-2 可以看出,就模型路基 X 向加速度放大倍数沿路基高度的变化趋势来看,计算结果与试验结果是比较接近的,均表明模型路基对

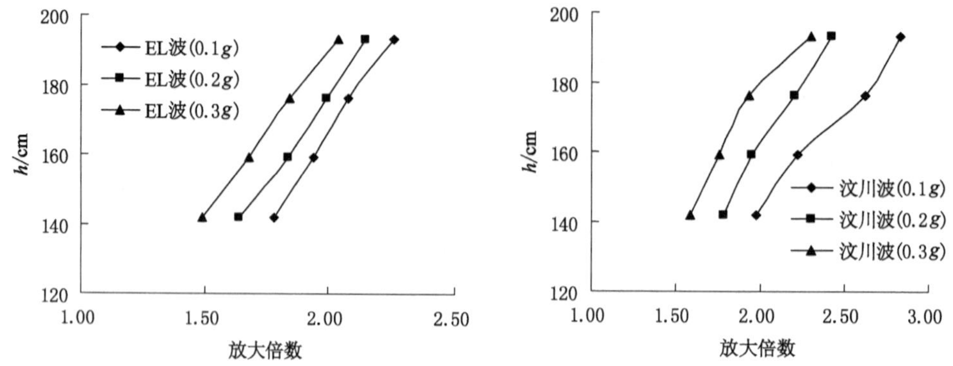

(a)上边坡

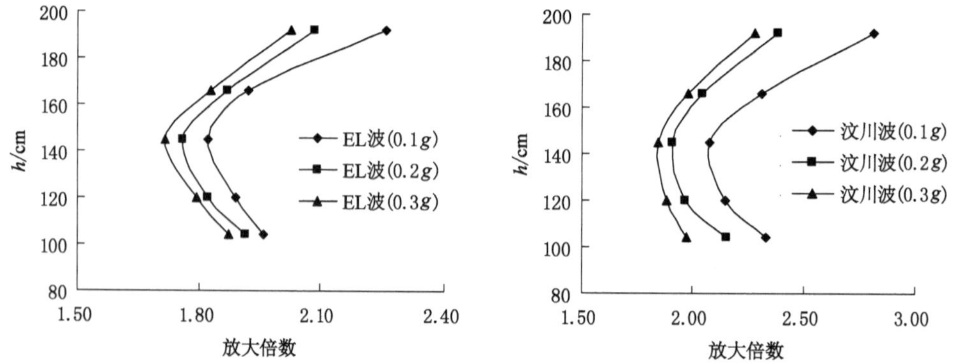

(b)下边坡

图 5-6　有支挡结构模型路基在地震波 X 单向激励下，沿主断面上边坡和下边坡各测点的计算加速度放大倍数的分布情况

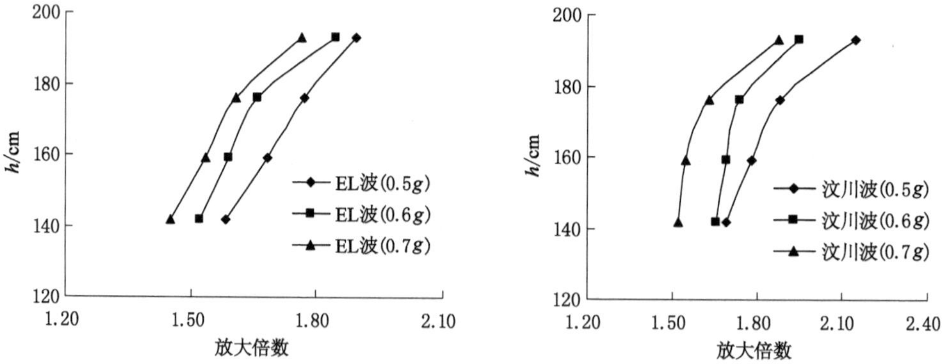

(a)上边坡

图 5-7　有支挡结构模型路基在地震波 XZ 双向激励下，沿主断面上边坡和下边坡各测点的计算加速度放大倍数的分布情况

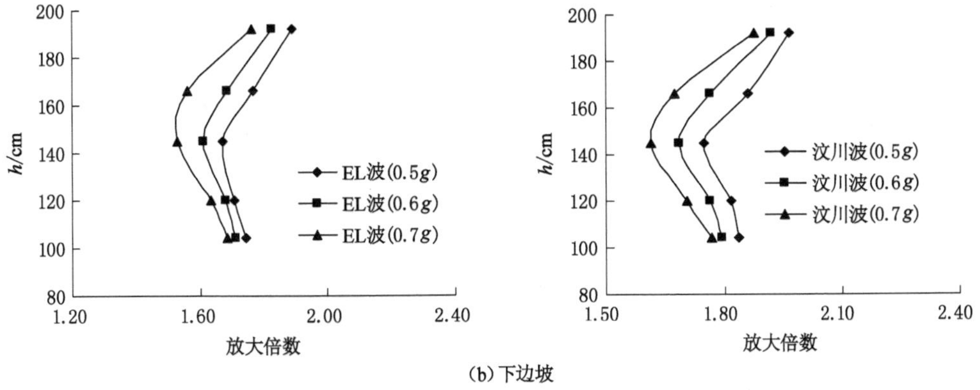

(b) 下边坡

图 5-7(续)

输入地震波具有明显的放大作用，且加速度放大倍数有随台面输入地震动峰值的增大而减小的趋势。路基上边坡，加速度放大倍数在路肩附近急剧增大；路基下边坡，挡土墙处和路肩处峰值加速度最大，挡土墙与路基动力相互作用十分明显；高频成分较多的 EL 波激励起的土体反应弱于低频成分相对丰富的汶川波。

图 5-8 和图 5-9 分别给出了模型路基在 $C_t = 9.846$ 时的压缩 EL 波和压缩汶川波 X 单向、XZ 双向激励下，路基下边坡重力式挡土墙各测点处加速度放大倍数沿挡土墙墙高的变化规律，沿墙面方向峰值加速度放大倍数呈现递增趋势，在挡土墙顶部达到最大值。与第 4 章的图 4-5 和图 4-6 相比可以看出，就模型挡土墙 X 向加速度放大倍数沿墙高的变化情况来看，计算结果与试验结果的变化趋势是比较接近的。

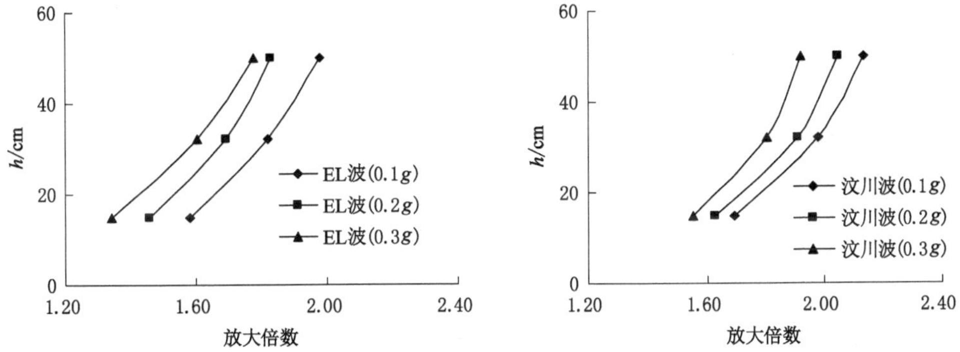

图 5-8 模型路基在 EL 波和汶川波 X 单向激励下，挡土墙各测点水平计算加速度放大倍数沿墙高的变化规律

图 5-10 给出了峰值加速度为 0.6g 的汶川波作用下模型路基不同测点计算加速度反应的时程曲线，从图 5-10 中可以看出，自模型路基底部到顶部，计算的加速度反应逐渐增强，激起的加速度幅值不断增大，体现出模型路基对输入地震波有放大的作用，这一规律与振动台试验得出的规律基本一致。

(2) 位移反应

模型路基振动台数值模型中测点的位置与实际振动台试验测点的位置一致(具体位置

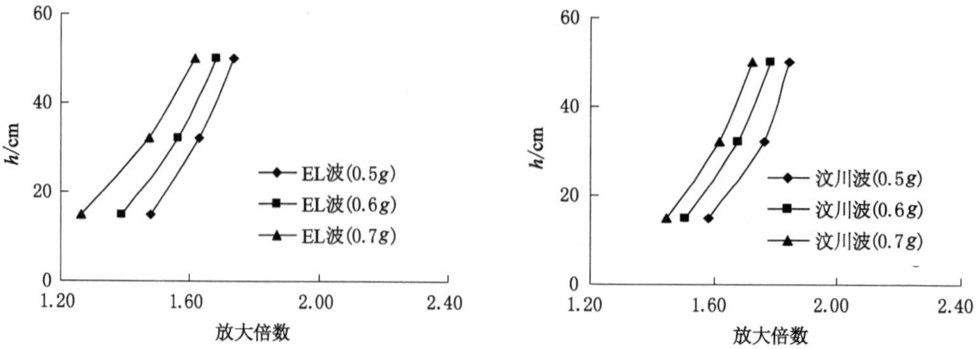

图 5-9　有支挡结构模型路基在 EL 波和汶川波 XZ 双向激励下，挡土墙各测点 X 向计算加速度放大倍数沿墙高的变化规律

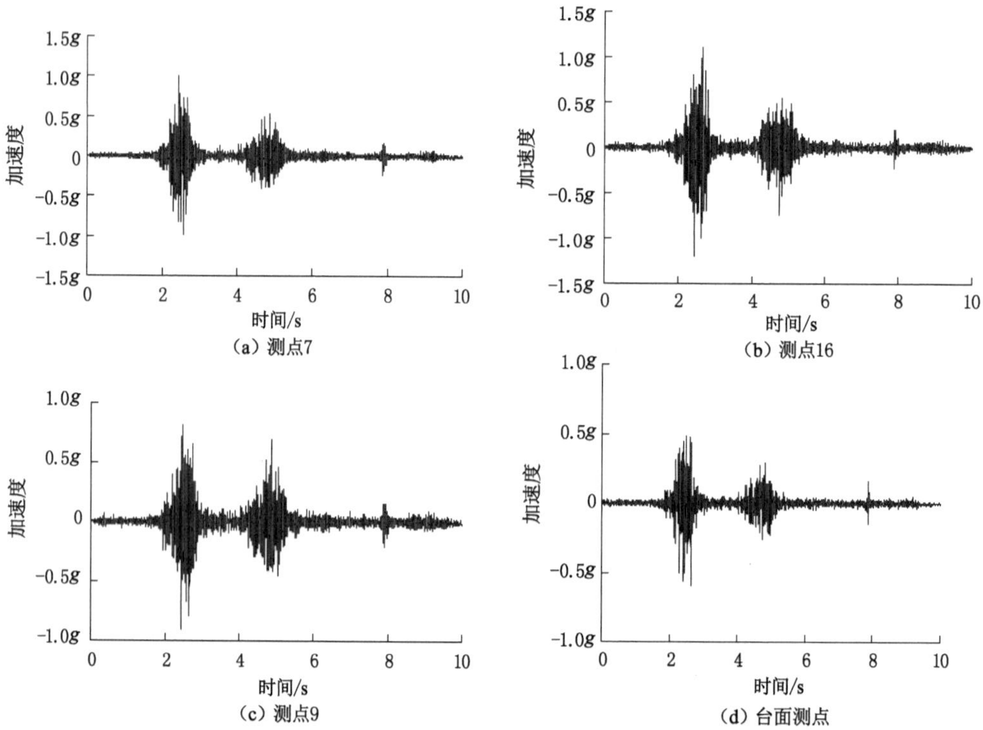

图 5-10　汶川波(0.6g)作用下有支挡结构模型路基部分测点 X 向计算加速度反应的时程曲线

见图 3-10)，数值试验过程中记录了在不同输入荷载级别的 EL 波和汶川波时相应测点的位移反应，地震波输入的方向分 X 单向和 XZ 双向，在同一次多向输入中，控制 Z 向加速度约为 X 向的 2/3。

图 5-11 为有支挡结构模型路基在 $C_t=9.846$ 时的压缩 EL 波和压缩汶川波 X 单向激励下，沿主断面上边坡和下边坡各测点 X 向计算位移的分布情况。其中，图例括号内数值为台面峰值加速度。图 5-12 为有支挡结构模型路基在 $C_t=9.846$ 时的压缩 EL 波和压缩汶川波 XZ 双向激励下，沿主断面上边坡和下边坡各测点 X 向计算位移的分布情况。

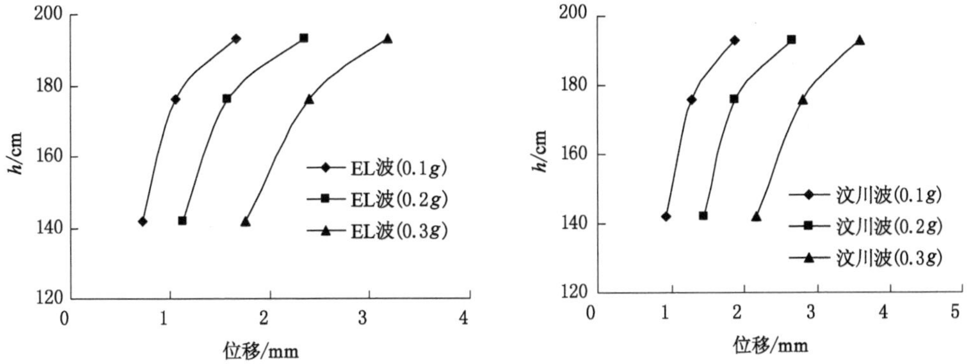

(a) 上边坡

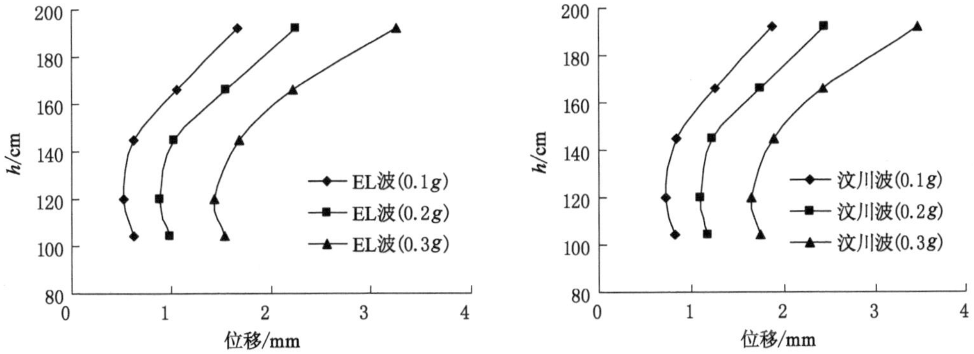

(b) 下边坡

图 5-11 有支挡结构模型路基在压缩地震波($C_t=9.846$)X 单向激励下，沿主断面上边坡和下边坡各测点 X 向计算位移的分布情况

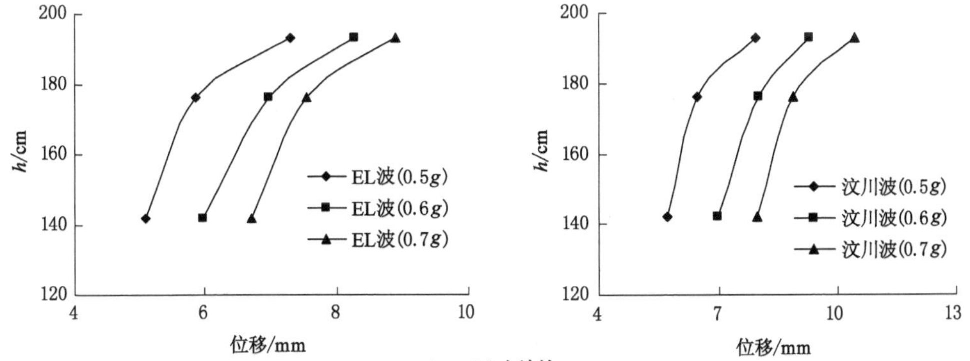

(a) 上边坡

图 5-12 有支挡结构模型路基在压缩地震波($C_t=9.846$)XZ 双向激励下，沿主断面上边坡和下边坡各测点 X 向计算位移的分布情况

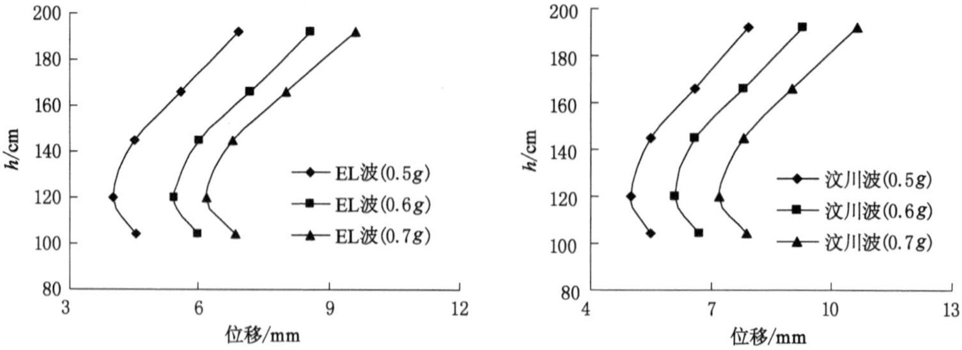

(b) 下边坡

图 5-12(续)

由图 5-11 和图 5-12 可以看出，路基地形对路基的地震动空间分布影响显著，模型路基上边坡和下边坡的 X 向最大计算位移发生于模型路基顶部，各测点的 X 向最大计算位移随激励峰值加速度的增大而增大；该模型路基在输入地震波作用下计算位移反应随着高度增加而逐渐增大，且沿高度方向的分布规律基本一致。对比图 5-11 和图 5-12 可见，路基 X 向位移反应，单向或双向的激励对其沿高度方向的分布规律影响不大。

图 5-13 为有支挡结构模型路基在 $C_t=9.846$ 时的压缩 EL 波和压缩汶川波激励下，沿挡土墙高度方向各测点计算位移的分布情况。图 5-14 为有支挡结构模型路基在 $C_t=9.846$ 时的压缩汶川波(峰值加速度为 $0.2g$)激励下不同时刻的 X 向位移云图，进一步反映了模型位移反应规律及随加载时间的变化规律。图 5-15 为有支挡结构模型路基在 $C_t=9.846$ 时的压缩汶川波(峰值加速度为 $0.2g$)加载完成时刻的变形矢量图，最大位移为 2.88 mm。

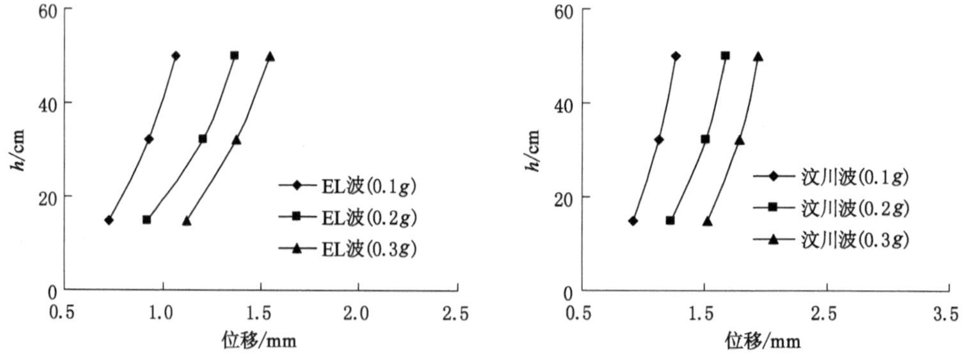

(a) X单向激励下X向位移

图 5-13　有支挡结构模型路基在压缩地震波($C_t=9.846$)激励下，沿挡土墙高度方向各测点计算位移的分布情况

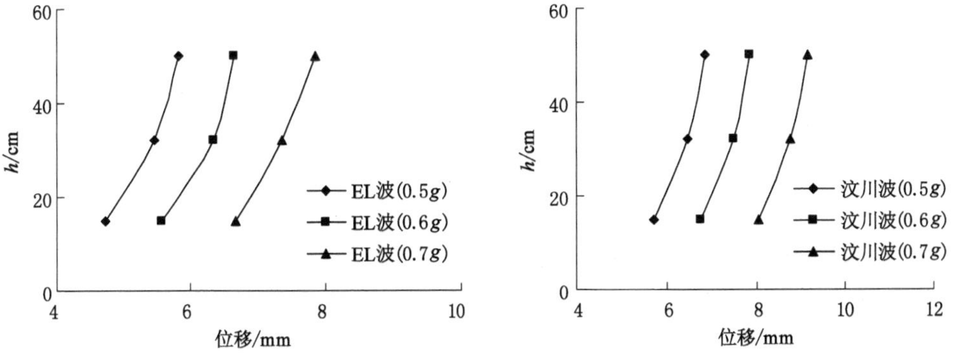

(b) *XZ*双向激励下*X*向位移

图 5-13(续)

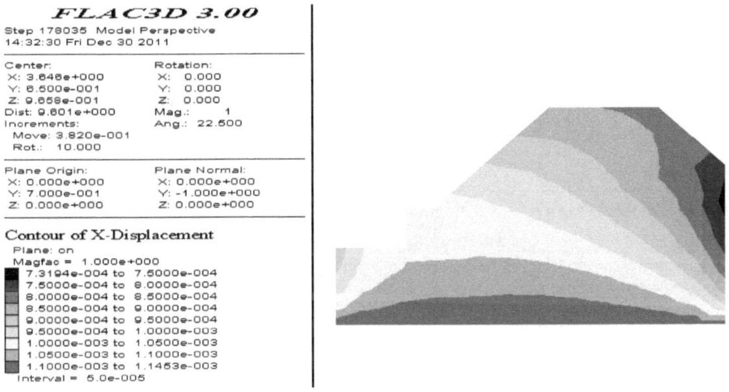

(a) 加载到2 s时

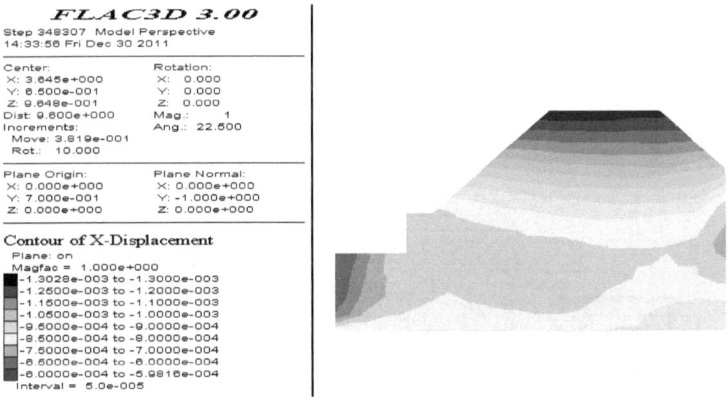

(b) 加载到4 s时

图 5-14 有支挡结构模型路基在 $C_t=9.846$ 时的压缩汶川波(峰值加速度为 0.2g)激励下不同时刻的 X 向计算位移云图

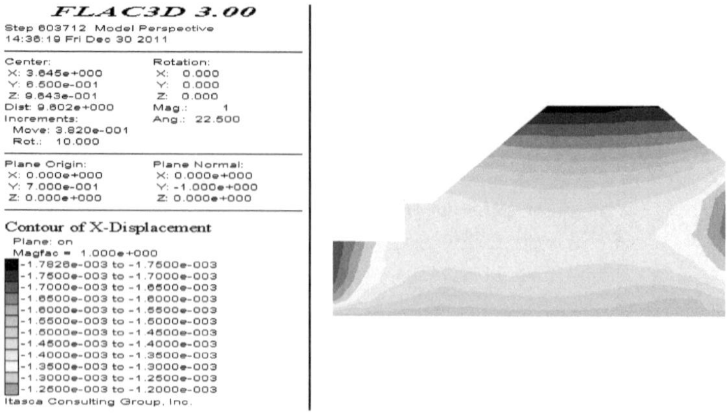

(c) 加载到6 s时

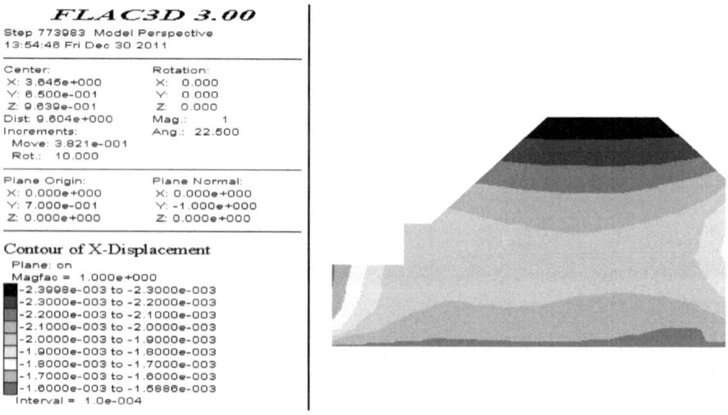

(d) 加载到8 s时

图 5-14(续)

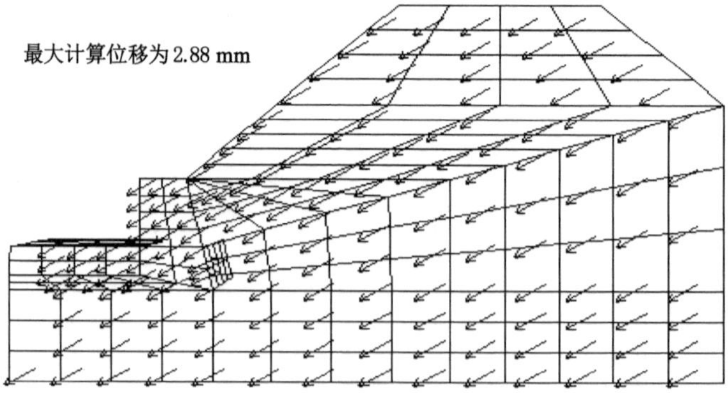

图 5-15　有支挡结构模型路基在 $C_t=9.846$ 时的压缩汶川波(峰值加速度为 $0.2g$)加载完成时刻的变形矢量图

分析图 5-11 至图 5-15，并与振动台试验结果图 4-15 至图 4-16 作对比可以发现，位移反应沿模型路基高度方向分布规律基本相同：① 路基对地震动空间分布影响显著，路基挡土墙顶部位移较大，在路基顶部的位移达到最大值，且对于整个模型路基，各测点位移有随台面地震波峰值加速度的增大而增大的规律。② 当输入地震波峰值加速度一样但种类不同时，模型路基的位移反应不同，EL 波作用下的位移反应均小于汶川波作用下的位移反应，高频成分较多的 EL 波激励起的土体反应小于低频成分相对丰富的汶川波。③ 在 X 单向输入地震波作用下，Z 向的位移反应较小，但有随输入地震波峰值加速度的增大而增大的趋势；Z 向地震动有加大 X 向位移反应的作用，在路基顶部表现比较明显。

(3) 挡土墙动土压力

在有支挡结构的模型路基振动台试验中，在模型路基挡土墙背后沿高度方向布置了 6 个动土压力传感器，数值计算中依然记录了相应位置处的动土压力幅值，表 5-8 和表 5-9 分别给出了 EL 波和汶川波作用下各测点的计算动土压力幅值。

表 5-8　EL 波作用下各测点的计算动土压力幅值

h/cm	幅值/kPa					
	$A_{max}=0.1g$	$A_{max}=0.2g$	$A_{max}=0.3g$	$A_{max}=0.5g$	$A_{max}=0.6g$	$A_{max}=0.7g$
0	13.85	21.87	23.66	36.04	39.18	43.90
11	10.85	17.87	21.66	29.04	33.38	36.90
23	5.09	7.26	8.78	10.30	13.82	16.34
34	3.50	4.77	5.96	6.34	7.92	9.15
46	5.46	7.39	8.56	7.85	9.65	11.31
57	6.52	8.46	9.30	11.32	15.23	17.15

表 5-9　汶川波作用下各测点的计算动土压力幅值

h/cm	幅值/kPa					
	$A_{max}=0.1g$	$A_{max}=0.2g$	$A_{max}=0.3g$	$A_{max}=0.5g$	$A_{max}=0.6g$	$A_{max}=0.7g$
0	18.66	25.74	31.52	39.86	44.38	49.13
11	15.66	20.24	25.02	24.86	30.38	36.73
23	6.43	8.81	10.57	11.34	14.82	16.22
34	3.89	5.46	6.76	7.04	9.80	10.71
46	6.29	8.66	9.86	11.57	14.23	16.69
57	6.97	9.32	11.02	13.56	16.83	19.85

依据表 5-8 和表 5-9 的记录结果，将不同加载计算工况下，挡土墙表面沿其高度方向的计算动土压力幅值变化规律示于图 5-16。其中，横轴为计算动土压力幅值 σ_w，纵轴为挡土墙的高度 h。由图 5-16 可见，σ_w 随台面输入地震波峰值加速度的增大而相应地增加，且相同加速度峰值下，汶川波作用下的 σ_w 大于 EL 波作用下的 σ_w，同时 X 单向激励下挡土墙动土压力变化规律与 XZ 双向激励下挡土墙动土压力变化规律一致。与此同时，在挡土墙结构模型高度方向，σ_w 呈中间小、两头大的外凸形状分布。

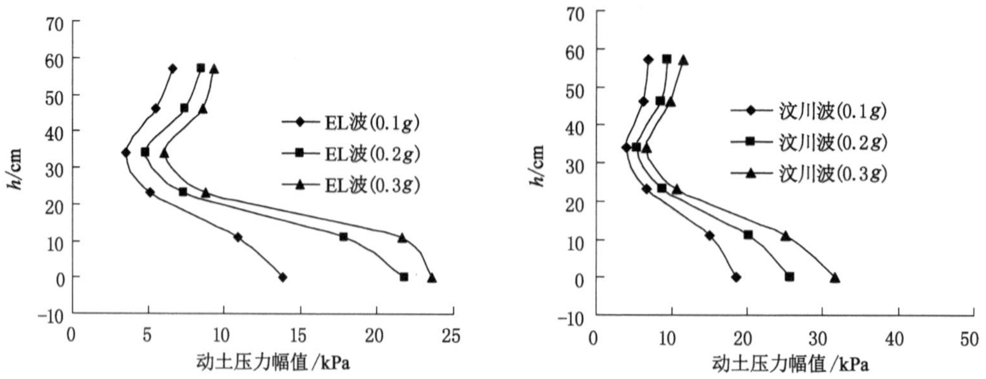

(a) X单向激励下

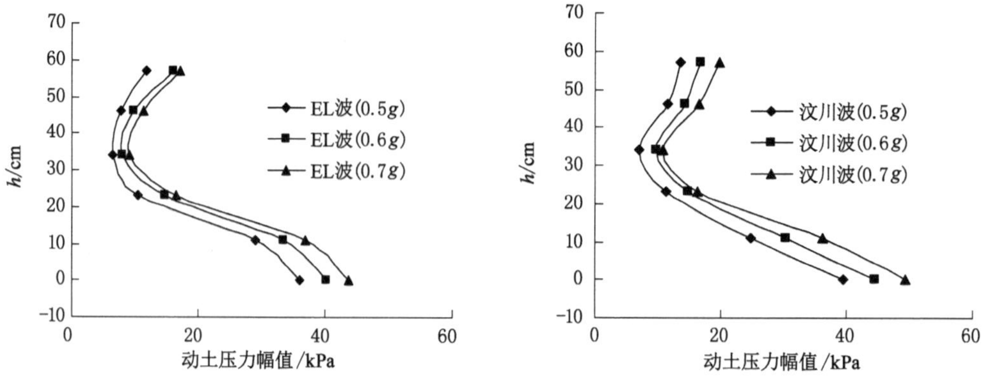

(b) XZ双向激励下

图 5-16 不同地震波激励下路基挡土墙沿高度方向各测点的计算动土压力幅值的变化规律

基于计算动土压力结果(表 5-8 和表 5-9)和实测动土压力结果(表 4-8 和表 4-9),表 5-10 和表 5-11 给出了观测断面挡土墙不同部位的动土压力计算幅值、实测幅值及其相对误差,由表 5-10 和表 5-11 可见,观测断面挡土墙各测点的动土压力计算幅值与试验幅值基本吻合,且规律一致。

表 5-10 EL 波作用下各测点动土压力幅值计算结果与实测结果的对比

h/cm	$A_{max}=0.1g$			$A_{max}=0.3g$			$A_{max}=0.6g$		
	实测值/kPa	计算值/kPa	相对误差/%	实测值/kPa	计算值/kPa	相对误差/%	实测值/kPa	计算值/kPa	相对误差/%
57	4.96	6.52	24	7.50	9.30	19	11.63	15.23	24
23	4.27	5.09	16	6.81	8.78	22	10.97	13.82	21
0	11.13	13.85	20	19.99	23.66	15	30.28	39.18	23

表 5-11 汶川波作用下各测点动土压力幅值计算结果与实测结果的对比

h/cm	$A_{max}=0.1g$			$A_{max}=0.3g$			$A_{max}=0.6g$		
	实测值/kPa	计算值/kPa	相对误差/%	实测值/kPa	计算值/kPa	相对误差/%	实测值/kPa	计算值/kPa	相对误差/%
57	5.78	6.97	17	9.56	11.02	13	13.97	16.83	17
23	5.51	6.43	14	8.77	10.57	17	12.36	14.82	16
0	14.48	18.66	22	24.16	31.52	24	34.34	44.38	23

5.3 无支挡结构模型路基的计算分析

本节对无支挡结构公路填方路基振动台模型试验进行非线性数值模拟，利用 FLAC^{3D} 软件分别针对不同工况下路基结构在地震激励时的动力反应进行分析，得到路基结构不同部位的加速度以及位移的反应特点。将数值计算结果与振动台试验结果进行对比，从而更全面更系统地研究填方路基的地震动力反应规律等特性。

5.3.1 无支挡结构模型路基的构建

无支挡结构模型路基的计算区范围与模型箱尺寸一致，无支挡结构模型路基的几何尺寸与第 3 章振动台模型的实际尺寸一致(图 3-10)。其中，沿激振方向净长度为 3.2 m(含两侧防水海绵板，厚度均为 100 mm)，宽度为 1.2 m，高度为 1.93 m。采用实体单元对模型路基以及防水海绵划分三维网格，其中模型路基和防水海绵的三维网格如图 5-17 所示。

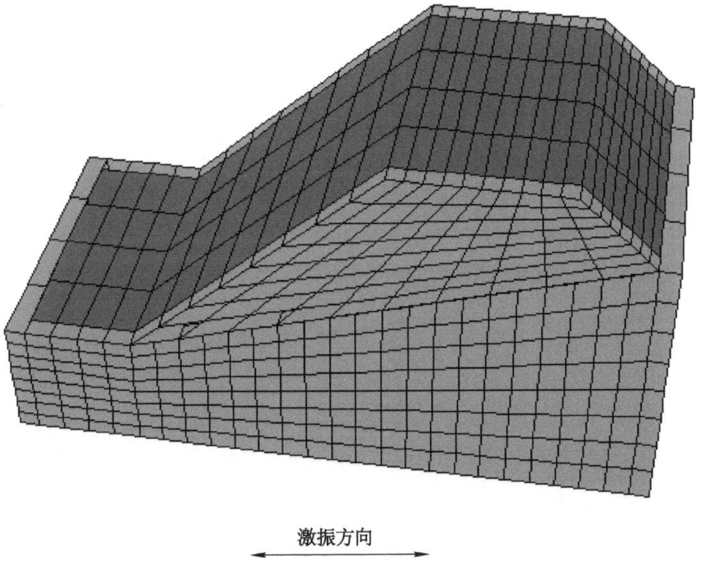

图 5-17 无支挡结构模型路基和防水海绵的三维网络

在振动台试验中，将无支挡结构模型路基与有支挡结构模型路基放在同一个模型箱内，模型箱采用的是刚性模型箱。因此，与有支挡结构模型路基的数值分析一样，根据模型路基振动台试验具体情况，计算时侧向边界取加速度值已知的边界，即模型路基4个侧面沿振动台激振方向的峰值加速度取值均与振动台台面输入峰值加速度一致，模型底面为竖向固定边界，模型顶面为自由变形边界。

数值计算输入的运动参数以及土石料的参数均与有支挡结构模型路基振动台试验一样，路基初始应力采用静力计算的结果，动力计算采用莫尔-库仑模型。试验模型路基的动力计算参数见表5-1，输入的归一化的地震波峰值加速度时程曲线见图5-3。

5.3.2 无支挡结构模型的计算结果与比较分析

(1) 加速度反应

数值试验过程中记录了在不同输入荷载级别的EL波和汶川波时相应测点的反应，地震波输入的方向分 X 单向和 XZ 双向，在同一次多向输入中，控制 Z 向加速度约为 X 向的2/3。

表5-12和表5-13为不同输入地震波波形下，路基振动台数值模型各测点的计算峰值加速度，其中A0处数据为台面输入峰值加速度。

表5-12 EL波作用下各测点 X 向计算峰值加速度

测点号	计算峰值加速度					
	工况7(0.1g)	工况21(0.3g)	工况26(0.4g)	工况29(0.5g)	工况35(0.6g)	工况42(0.7g)
6	0.212g	0.565g	0.726g	0.885g	1.018g	1.157g
7	0.206g	0.542g	0.682g	0.852g	0.978g	1.122g
8	0.207g	0.535g	0.676g	0.857g	0.996g	1.138g
9	0.213g	0.553g	0.705g	0.885g	1.024g	1.171g
10	0.221g	0.575g	0.727g	0.920g	1.068g	1.223g
14	0.233g	0.615g	0.784g	0.994g	1.121g	1.262g
15	0.256g	0.686g	0.842g	1.025g	1.162g	1.301g
17	0.257g	0.687g	0.844g	1.025g	1.161g	1.303g
18	0.254g	0.688g	0.845g	1.026g	1.163g	1.305g
19	0.258g	0.691g	0.843g	1.023g	1.163g	1.306g
16	0.259g	0.693g	0.846g	1.028g	1.164g	1.308g
13	0.231g	0.637g	0.777g	0.922g	1.109g	1.287g
12	0.223g	0.591g	0.745g	0.908g	1.055g	1.225g
A0	0.1g	0.3g	0.4g	0.5g	0.6g	0.7g

表 5-13　汶川波作用下各测点 X 向计算峰值加速度

测点号	计算峰值加速度					
	工况 8(0.1g)	工况 17(0.2g)	工况 22(0.3g)	工况 30(0.5g)	工况 36(0.6g)	工况 43(0.7g)
6	0.236g	0.423g	0.593g	0.919g	1.073g	1.213g
7	0.225g	0.401g	0.581g	0.925g	1.043g	1.181g
8	0.229g	0.396g	0.576g	0.916g	1.030g	1.193g
9	0.223g	0.405g	0.585g	0.933g	1.051g	1.195g
10	0.242g	0.426g	0.606g	0.980g	1.097g	1.228g
14	0.256g	0.452g	0.612g	1.035g	1.152g	1.289g
15	0.275g	0.501g	0.711g	1.095g	1.200g	1.342g
17	0.273g	0.502g	0.710g	1.095g	1.198g	1.344g
18	0.274g	0.502g	0.712g	1.097g	1.201g	1.343g
19	0.275g	0.503g	0.712g	1.098g	1.202g	1.345g
16	0.378g	0.505g	0.713g	1.098g	1.204g	1.345g
13	0.265g	0.466g	0.676g	1.035g	1.155g	1.271g
12	0.241g	0.445g	0.634g	1.009g	1.121g	1.235g
A0	0.1g	0.2g	0.3g	0.5g	0.6g	0.7g

图 5-18 绘出了表 5-12 和表 5-13 中测点 6 和测点 15 的计算峰值加速度放大倍数随输入峰值加速度的变化情况(X 向)。图 5-19 将不同测点的试验峰值加速度放大倍数与计算峰值加速度放大倍数随输入峰值加速度变化的情况进行了比较(X 向),比较时,对测点做了两种选择:一是采用路基顶部的数值(测点 15);二是采用路基坡脚处的数值(测点 6)。

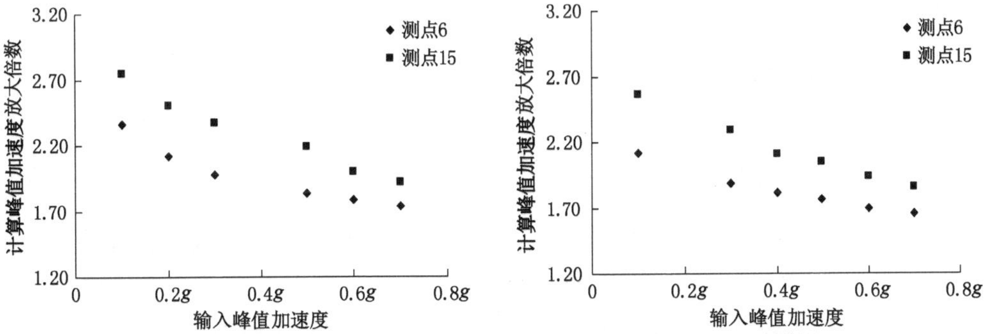

(a) 汶川波作用下　　(b) EL波作用下

图 5-18　无支挡结构模型路基不同测点的计算峰值加速度放大倍数与输入峰值加速度的关系(X 向)

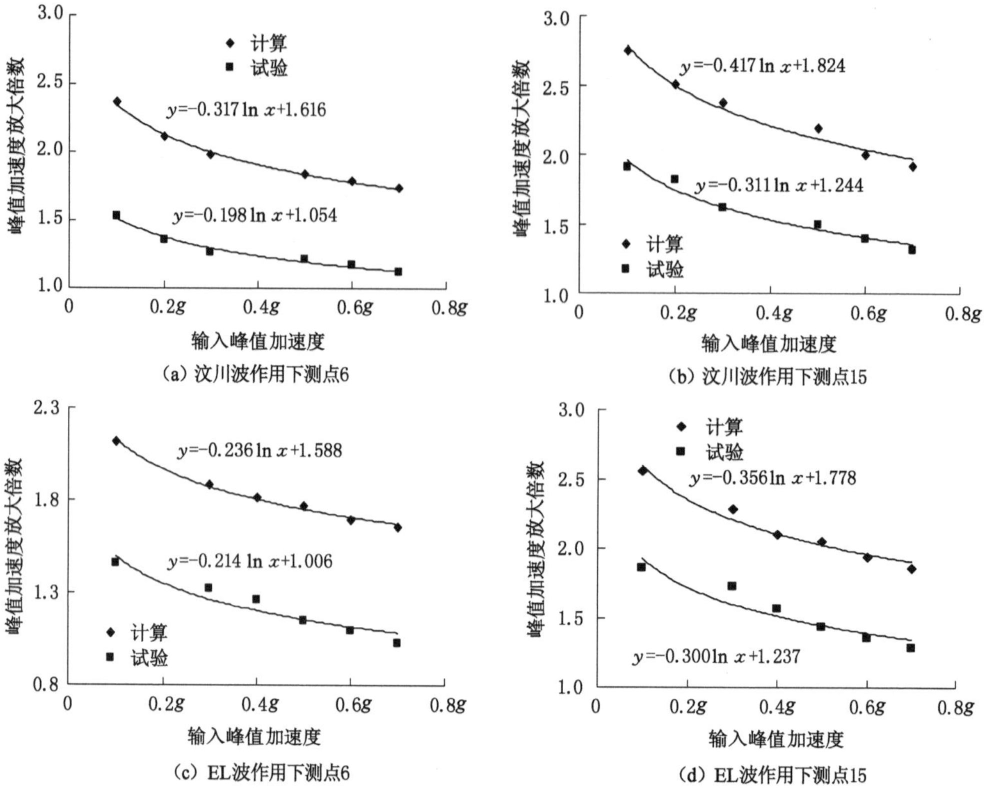

图 5-19　无支挡结构模型路基计算与试验峰值加速度放大倍数随输入峰值加速度变化的情况比较（X 向）

对图 5-19 中两个测点的计算加速度值与振动台试验加速度值的放大倍数 R 分别按式(5-13)作了回归，其中 A_{max} 的单位采用 9.8 m/s^2。

$$R = A + B\lg A_{max} \tag{5-13}$$

在汶川波作用下，测点 6 计算值的回归系数 $A=1.616$，$B=-0.317$，试验值的回归系数 $A=1.054$，$B=-0.198$；测点 15 计算值的回归系数 $A=1.824$，$B=-0.417$，试验值的回归系数 $A=1.244$，$B=-0.311$。

在 EL 波作用下，测点 6 计算值的回归系数 $A=1.588$，$B=-0.236$，试验值的回归系数 $A=1.006$，$B=-0.214$；测点 15 计算值的回归系数 $A=1.778$，$B=-0.356$，试验值的回归系数 $A=1.237$，$B=-0.300$。

由表 5-12 和表 5-13 与图 5-18 和图 5-19 可以看出，振动台模型数值计算结果与振动台模型试验结果再次验证了路基的加速度放大倍数随着输入峰值加速度的增大而逐渐下降，且汶川波作用下路基加速度的放大倍数较 EL 波作用下路基加速度的放大倍数大一些。

从定量的角度看，在汶川波作用下，式(5-13)中的系数 A 即 $A_{max}=0.1g$（相当于设防烈度为 7 度时的地震 X 向加速度代表值）时的加速度放大倍数，取值范围为 1.0～1.9，分别采用数值计算和试验实测方法所得回归系数 A、B 值计算出设防烈度为 7 度、8 度、9 度时路基顶部(测点 16)的加速度放大倍数,其结果列于表 5-14;在 EL 波作用下,式(5-13)中的系数 A 取值范围为 1.0~1.8,分别采用数值计算和试验实测方法所得回归系数 A、B 值计算出设防烈度为 7 度、8 度、9 度时路基顶部(测点 16)的加速度放大倍数,其结果列于表 5-15。从表 5-14 和表 5-15 中可以看出,与采用试验回归系数所得出的加速度放大倍数相比,采用计算回归系数所得出的加速度放大倍数较大,试验值与计算值的最大差别达 30%左右。

表 5-14 汶川波作用下加速度放大倍数计算值与试验值的比较(测点 16)

方案	加速度放大倍数		
	$A_{max}=0.1g$	$A_{max}=0.2g$	$A_{max}=0.3g$
计算值($A=1.824$,$B=-0.417$)	2.784	2.495	2.327
试验值($A=1.244$,$B=-0.311$)	1.961	1.743	1.618

表 5-15 EL 波作用下加速度放大倍数计算值与试验值的比较(测点 16)

方案	加速度放大倍数		
	$A_{max}=0.1g$	$A_{max}=0.2g$	$A_{max}=0.3g$
计算值($A=1.778$,$B=-0.356$)	2.598	2.351	2.207
试验值($A=1.237$,$B=-0.300$)	1.928	1.720	1.598

图 5-20 和图 5-21 分别为无支挡结构模型路基在 EL 波和汶川波 X 单向、XZ 双向激励下,沿主断面上边坡和下边坡各测点计算加速度放大倍数的分布情况。其中,图例括号内数值为台面输入峰值加速度。

比较图 5-20 和图 5-21 与第 4 章的图 4-7 和图 4-8 可以看出,就模型路基 X 向加速度放大倍数沿路基高度方向的变化趋势来看,计算结果与试验结果是比较接近的,均表明模型路基对输入地震波具有明显的放大作用,且加速度放大倍数有随台面输入地震动峰值的增大而减小的趋势;路肩处峰值加速度最大,高频成分较多的 EL 波激励起的土体反应弱于低频成分相对丰富的汶川波。

(2) 位移反应

无支挡结构填方路基的振动台试验数值模型中测点的位置与实际振动台模型试验测点的位置一致(具体位置见图 3-10),数值试验过程中记录了不同荷载级别的 EL 波和汶川波作用下相应测点的位移反应,地震波输入的方向分 X 单向和 XZ 双向,在同一次多向输入中,控制 Z 向加速度约为 X 向的 2/3。

图 5-22 为无支挡结构模型路基在 $C_t=9.846$ 时的压缩 EL 波和压缩汶川波 X 单向激励下,沿主断面上边坡和下边坡各测点 X 向计算位移的分布情况。图 5-23 为无支挡结构模型路基在 $C_t=9.846$ 时的压缩 EL 波和压缩汶川波 XZ 双向激励下,沿主断面上边坡和下边坡各测点 X 向计算位移的分布情况。

由图 5-22 和图 5-23 可以看出,无支挡结构模型路基上边坡和下边坡的 X 向最大计算位移均发生于模型路基顶部,各测点的 X 向最大计算位移随激励加速度的增大而增大;该模型路基在输入地震波作用下计算位移反应随着高度增加而逐渐增大,沿高度方向的分布规律基本一致,且路基 X 向位移反应,单向或双向的激励对其沿高度方向的分布规律影响

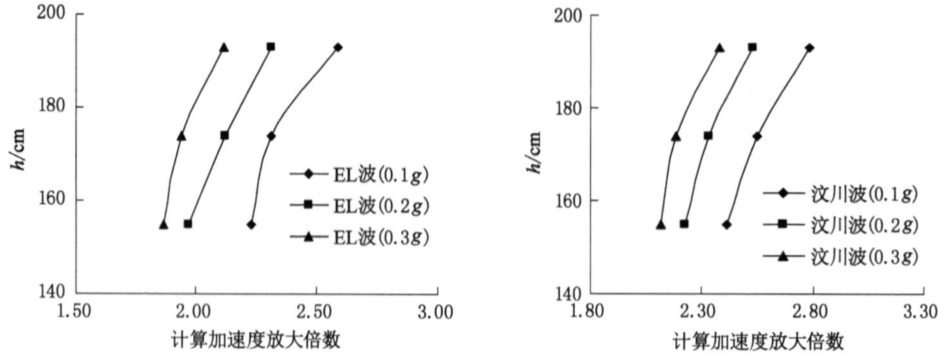

(a) 上边坡

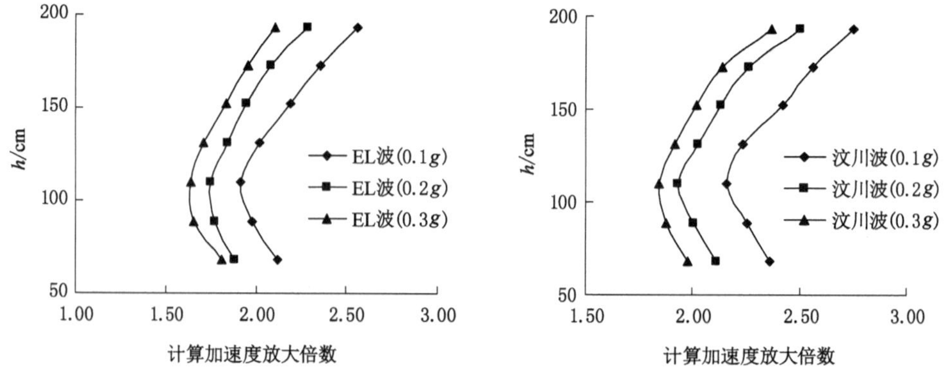

(b) 下边坡

图 5-20　无支挡结构模型路基在地震波 X 向激励下，沿主断面上边坡和下边坡各测点计算加速度放大倍数的分布情况

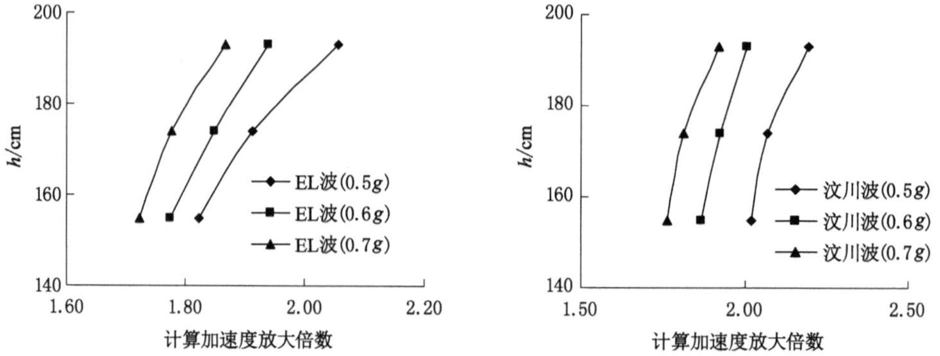

(a) 上边坡

图 5-21　无支挡结构模型路基在地震波 XZ 双向激励下，沿主断面上边坡和下边坡各测点计算加速度放大倍数的分布情况

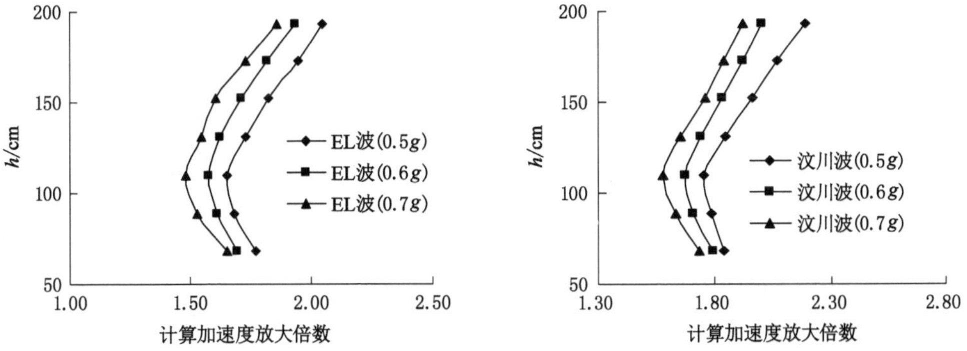

(b) 下边坡

图 5-21(续)

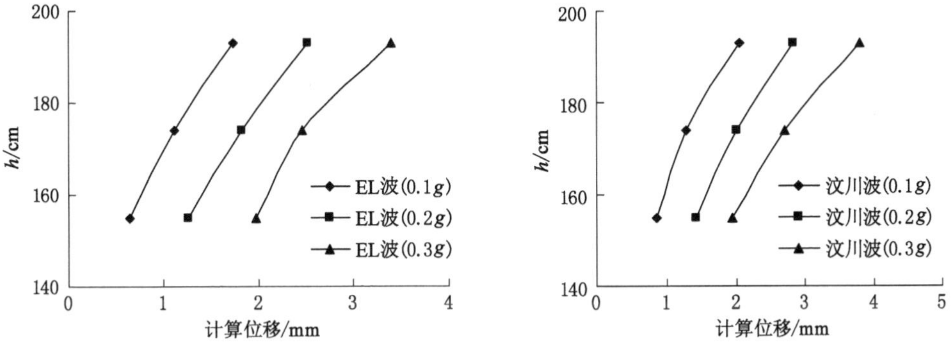

(a) 上边坡

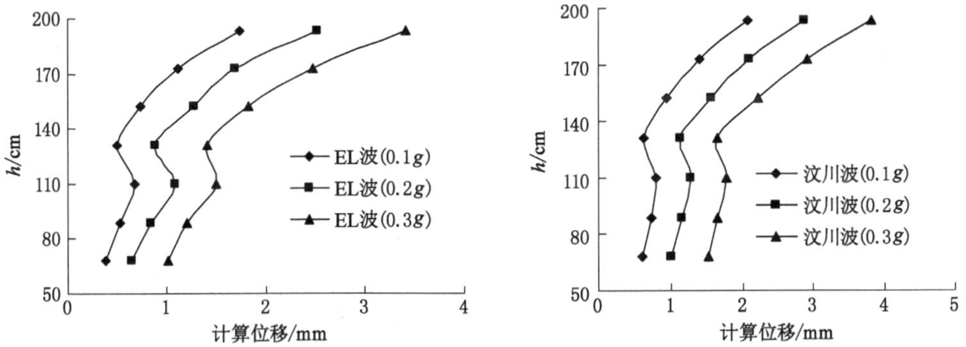

(b) 下边坡

图 5-22 无支挡结构模型路基在压缩地震波(C_t=9.846)X 单向激励下，沿主断面上边坡和下边坡各测点 X 向计算位移的分布情况

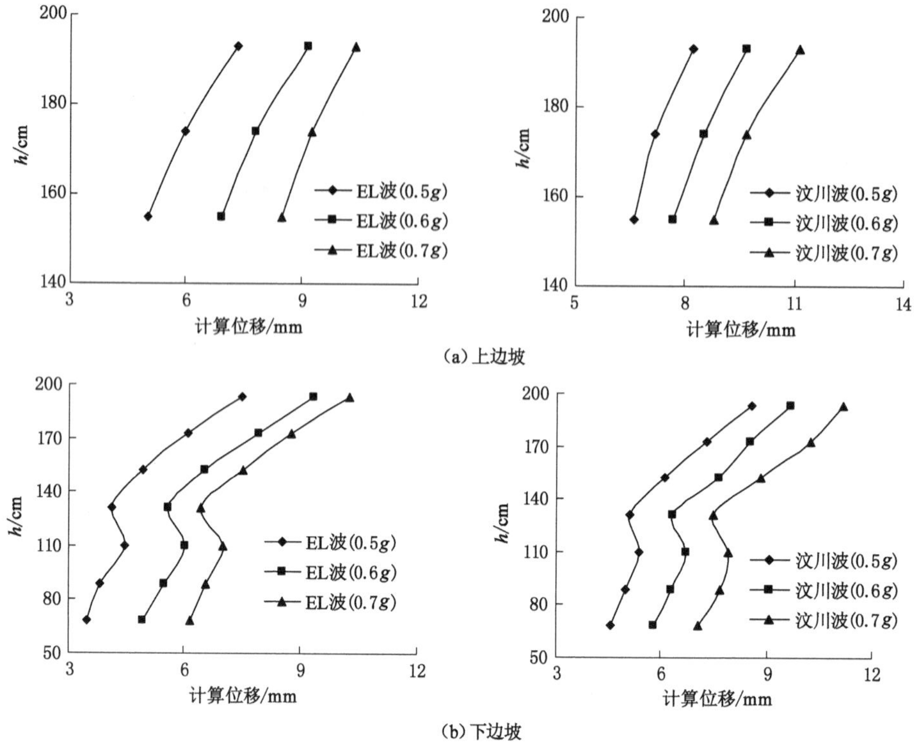

(a) 上边坡

(b) 下边坡

图 5-23　无支挡结构模型路基在压缩地震波($C_t=9.846$)XZ 双向激励下，沿主断面上边坡和下边坡各测点 X 向计算位移的分布情况

不大。

图 5-24 为无支挡结构模型路基在 $C_t=9.846$ 时的压缩汶川波激励下加载完成时刻的 X 向计算位移云图，进一步反映了模型位移反应规律及随加载时间的变化规律。分析图 5-22 至图 5-24，并与振动台试验结果图 4-20 和图 4-21 作对比可以发现，无支挡结构模型路基的位移反应沿模型路基高度方向分布规律基本相同。

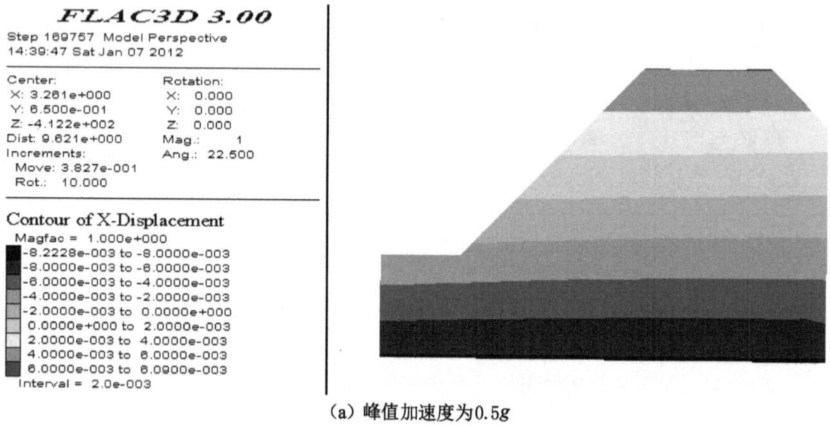

(a) 峰值加速度为0.5g

图 5-24　无支挡结构模型路基在 $C_t=9.846$ 时的压缩汶川波激励下加载完成时刻的 X 向计算位移云图

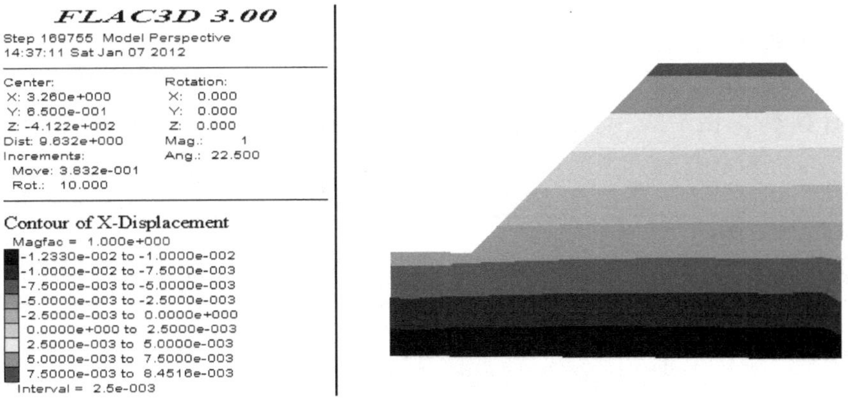

(b) 峰值加速度为0.6g

图 5-24(续)

5.4　有支挡结构原型路基的计算动力反应

原型路基的计算区范围及几何尺寸与第 3 章振动台模型路基的原型尺寸一致，其中沿激振方向净长度为 64 m(含两侧防水海绵板，厚度均为 2 m)，宽度为 24 m，高度为 38.6 m。采用实体单元对原型路基以及防水海绵划分三维网格，其中有支挡结构原型路基和防水海绵的三维网格如图 5-25 所示。

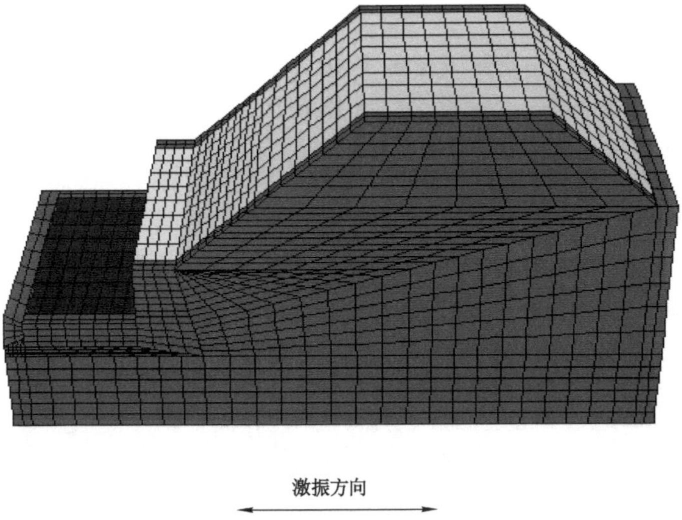

图 5-25　有支挡结构原型路基和防水海绵的三维网格

根据模型路基振动台试验具体情况，计算时原型路基的侧向边界取加速度值已知的边界，即原型路基 4 个侧面沿激振方向的加速度取值均与输入加速度一致，模型底面为竖向固定边界，顶面为自由变形边界。

数值计算输入的运动参数采用了振动台模型试验中施加的汶川波，但对汶川波已按相似律进行了调整。在数值计算中，土石料与挡土墙的参数为振动台试验结果乘以相应的相似律，路基初始应力采用静力计算的结果，动力计算采用莫尔-库仑模型。表 5-16 是原型路基的动力计算参数，图 5-26 为输入的归一化的汶川波峰值加速度时程曲线。

表 5-16　原型路基地震分析采用的力学参数

材料名称	本构模型	密度/(kg/m³)	E/MPa	泊松比	C/kPa	摩擦角/(°)
边坡土体	莫尔-库仑	2 256	242	0.33	705	31
填土	莫尔-库仑	2 158	194	0.33	658	29
挡土墙	弹性	2 585	14 544	0.17	—	—
防水海绵	莫尔-库仑	15	4	0.33	—	—

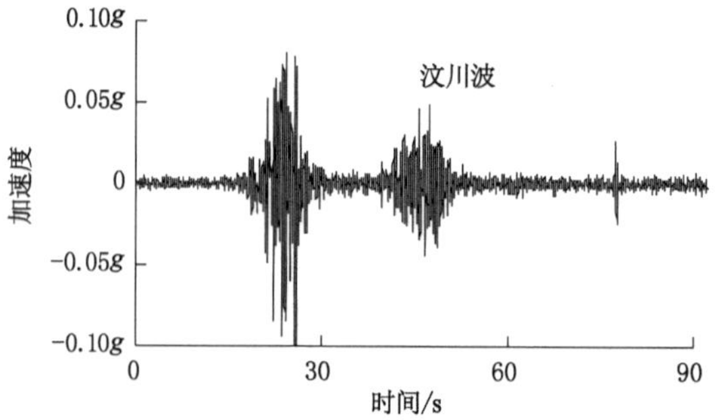

图 5-26　汶川波输入加速度时程曲线(归一化)

原型路基上下边坡的计算峰值加速度、位移峰值和动土压力幅值等参数与输入地震波峰值加速度的关系，分别如图 5-27、图 5-28 和图 5-29 所示。原型路基的推导峰值加速度、位移峰值和动土压力幅值推导值与计算值之间的差异见表 5-17、表 5-18 和表 5-19。

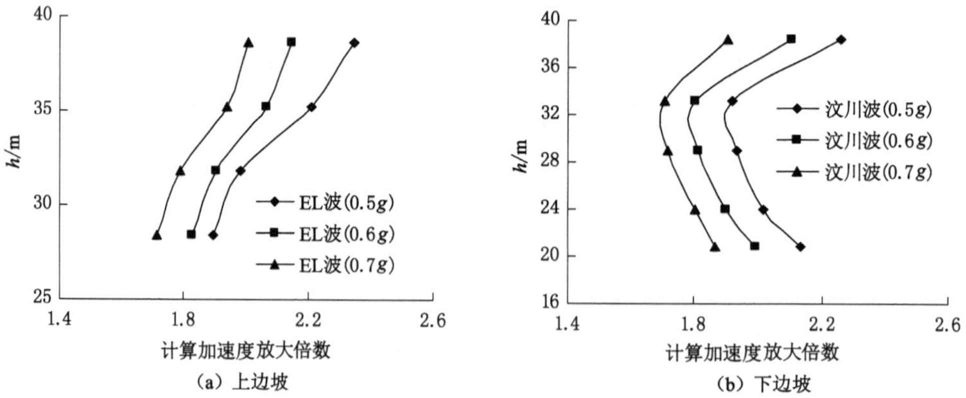

图 5-27　有支挡结构原型路基在地震波激励下上边坡和下边坡 X 向计算加速度放大倍数的分布情况

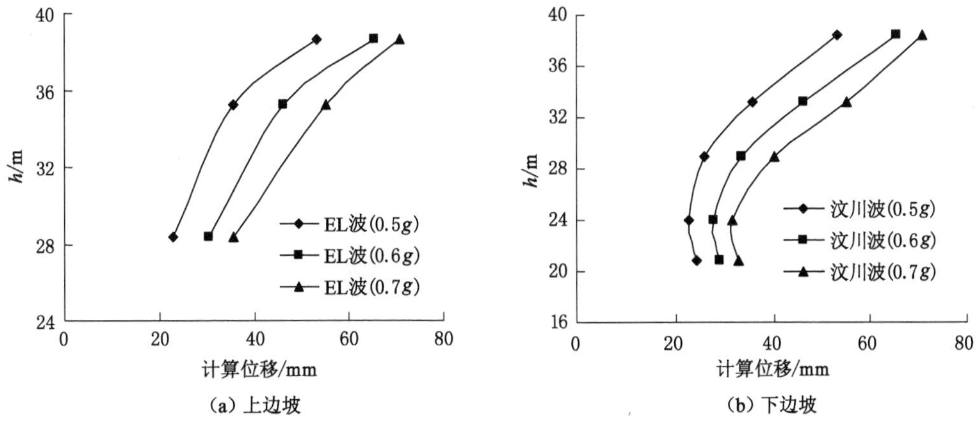

图 5-28 有支挡结构原型路基在地震波激励下上边坡和下边坡 X 向计算位移的分布情况

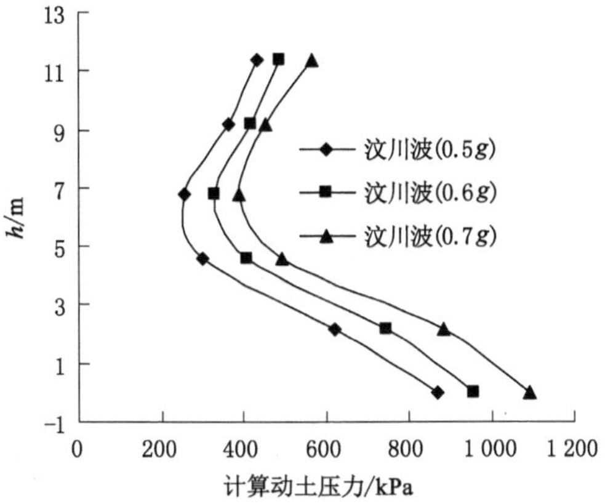

图 5-29 有支挡结构原型路基在地震波激励下，沿挡土墙高度方向各测点的计算动土压力的变化规律

表 5-17 有支挡结构原型路基上边坡测点加速度推导值与计算值的对比

h/m	汶川波(0.5g)			汶川波(0.6g)			汶川波(0.7g)		
	推导值	计算值	相对误差/%	推导值	计算值	相对误差/%	推导值	计算值	相对误差/%
28.4	0.675g	0.947g	28.7	0.768g	1.097g	30.0	0.847g	1.109g	23.6
31.8	0.741g	0.991g	25.2	0.834g	1.122g	25.7	0.889g	1.251g	28.9
35.2	0.793g	1.106g	28.3	0.894g	1.241g	28.0	0.966g	1.377g	29.8
38.6	0.864g	1.174g	26.4	0.984g	1.288g	23.6	1.029g	1.405g	26.8

表 5-18　有支挡结构原型路基上边坡测点位移推导值与计算值的对比

h/m	汶川波(0.5g)			汶川波(0.6g)			汶川波(0.7g)		
	推导值	计算值	相对误差/%	推导值	计算值	相对误差/%	推导值	计算值	相对误差/%
28.4	19.79g	23.12g	14.4	23.28g	30.53g	23.7	28.75g	35.82g	19.7
35.2	27.16g	35.83g	24.2	34.57g	46.21g	25.2	39.77g	55.16g	27.9
38.6	32.61g	53.15g	38.6	38.64g	65.34g	40.9	47.71g	70.56g	32.4

表 5-19　汶川波作用下各测点动土压力幅值推导值与计算值的对比

h/m	汶川波(0.5g)			汶川波(0.6g)			汶川波(0.7g)		
	推导值	计算值	相对误差/%	推导值	计算值	相对误差/%	推导值	计算值	相对误差/%
0	738.37g	868.43g	15.0	806.99g	957.03g	15.7	880.08g	1090.12g	19.3
2.2	592.91g	622.93g	5.1	693.72g	743.35g	6.7	755.06g	885.15g	14.7
4.6	221.14g	301.23g	26.6	290.46g	410.41g	29.2	344.51g	494.63g	30.3
6.8	148.99g	258.05g	42.2	191.06g	331.62g	42.4	227.72g	367.89g	38.1
9.2	243.23g	363.36g	33.1	277.54g	417.24g	33.5	325.48g	455.65g	28.6
11.4	284.12g	434.56g	34.6	328.30g	488.23g	32.8	387.28g	567.75g	31.8

对比图 5-27 至图 5-29 与第 4 章的图 4-29 至图 4-31 以及 5-17 至表 5-19 可以看出，有支挡结构原型路基水平向加速度放大倍数沿路基高度方向变化趋势的计算结果与试验结果是比较接近的，均表明模型路基对输入地震波峰值加速度具有明显的放大作用，且加速度放大倍数有随台面输入地震动峰值的增大而减小的趋势，路肩处峰值加速度最大，计算的峰值加速度较推导的峰值加速度平均大 28%；有支挡结构原型路基上边坡和下边坡的水平向最大位移均发生于模型路基顶部，各测点的水平向最大位移随激励峰值加速度的增大而增大，模型路基在输入地震波作用下位移反应随着边坡高度的增加而逐渐增大，且沿高度方向的分布规律基本一致，计算的最大位移较推导的最大位移平均大 30%；动土压力随台面输入地震波峰值加速度的增大而相应地增加，且在相同峰值加速度下，计算的动土压力变化规律与推导的动土压力变化规律基本一致，前者较后者平均大 35%。

参考文献

[1] BRAY J D,AUGELLO A J,LEONARDS G A,et al. Seismic stability procedures for solid-waste landfills[J]. Journal of geotechnical engineering,1995,121(2):139-151.

[2] CLOUGH R W,CHOPRA A K. Earthquake stress analysis in earth dams[J]. Journal of the engineering mechanics division,1966,92(2):197-211.

[3] FANG Y S,YANG Y C,CHEN T J. Retaining walls damaged in the Chi-Chi earthquake[J]. Canadian geotechnical journal,2003,40(6):1142-1153.

[4] FINN L. Seismic safety of embankment dams developments in research and practice 1988-1998[J]. Geotechnical special publication,1998(75):812-853.

[5] GENSKE D D,ADACHI T,SUGITO M. Reliability analysis of reinforced earth retaining structures subjected to earthquake loading[J]. Soils and foundations,1991,31(4):48-60.

[6] KOKUSHO T,YOSHIDA Y,ESASHI Y. Dynamic properties of soft clay for wide strain range[J]. Soils and foundations,1982,22(4):1-18.

[7] LIM Y Y,MILLER G A. Wetting-induced compression of compacted Oklahoma soils[J]. Journal of geotechnical and geoenvironmental engineering,2004,130(10):1014-1023.

[8] LIN M L,WANG K L. Seismic slope behavior in a large-scale shaking table model test [J]. Engineering Geology,2006,86(2/3):118-133.

[9] MADABHUSHI S P G,ZENG X. Seismic response of gravity quay walls. II:numerical modeling[J]. Journal of Geotechnical and geoenvironmental engineering,1998,124(5): 418-427.

[10] MAKDISI F I,SEED H B. Simplified procedure for estimating dam and embankment earthquake-induced deformations[J]. Journal of the geotechnical engineering division,1978, 104(7):849-867.

[11] RICHARDS R,FISHMAN K L,DIVITO R C. Threshold accelerations for rotation or sliding of bridge abutments[J]. Journal of geotechnical engineering, 1996, 122(9): 752-759.

[12] SANDRI D. A performance summary of reinforced soil structures in the greater Los Angeles area after the Northridge earthquake[J]. Geotextiles and geomembranes, 1997,15(4/5/6):235-253.

[13] SEED H B,MARTIN G R. The seismic coefficient in earth dam design[J]. Journal of the soil mechanics and foundations division,1966,92(3):25-58.

[14] SEED H. Seismic design of concrete face rock-fill dam design[J]. Construction and performance,1985,13(4):661-677.

[15] SITAR N,AL ATIK L. Dynamic centrifuge study of seismically induced lateral earth pressures on retaining structures[C]//Geotechnical Earthquake Engineering and Soil Dynamics IV. Sacramento,California,USA. Reston,VA:American Society of Civil Engineers,2008:1-11.

[16] SUAUMN I. Similitude for shaking table tests on soil-structure-fluid modeling 1.0g gravitational field[J]. Soil and foundations,1989, 29(1):105-108.

[17] VUCETIC M,DOBRY R. Effect of soil plasticity on cyclic response[J]. Journal of geotechnical engineering,1991,117(1):89-107.

[18] WARTMAN J,SEED R B,BRAY J D. Shaking table modeling of seismically induced deformations in slopes[J]. Journal of geotechnical and geoenvironmental engineering, 2005,131(5):610-622.

[19] ZENG X. Seismic response of gravity quay walls. I:centrifuge modeling[J]. Journal of geotechnical and geoenvironmental engineering,1998,124(5):406-417.

[20] 薄景山,徐国栋,景立平. 土边坡地震反应及其动力稳定性分析[J]. 地震工程与工程振动,2001,21(2):116-120.

[21] 蔡袁强,于玉贞,袁晓铭,等. 土动力学与岩土地震工程[J]. 土木工程学报,2016,49(5):9-30.

[22] 曾超,王可君,李曙平,等."5·12"汶川大地震公路路基震害浅析[J]. 世界地震工程,2009,25(3):162-166.

[23] 陈国兴,谢君斐,张克绪. 土的动模量和阻尼比的经验估计[J]. 地震工程与工程振动,1995,15(1):73-84.

[24] 陈国兴. 岩土地震工程学[M]. 北京:科学出版社,2007.

[25] 陈国兴,陈苏,杜修力,等. 城市地下结构抗震研究进展[J]. 防灾减灾工程学报,2016,36(1):1-23.

[26] 陈乐生. 汶川地震公路震害调查-路基[M]. 北京:人民交通出版社,2012.

[27] 陈学良,袁一凡. 挡土墙地震反应非线性波动模拟[J]. 地震工程与工程振动,2003,23(4):9-16.

[28] 陈育民,刘汉龙. 邓肯-张本构模型在 $FLAC^{3D}$ 中的开发与实现[J]. 岩土力学,2007,28(10):2123-2126.

[29] 陈育民,徐鼎平. FLAC/FLAC3D 基础与工程实例[M]. 2 版. 北京:中国水利水电出版社,2013.

[30] 迟世春,林少书. 结构动力模型试验相似理论及其验证[J]. 世界地震工程,2004,20(4):11-20.

[31] 翟阳,韩国城. 边坡对土坝稳定影响的振动台模型试验研究[J]. 烟台大学学报(自然科学与工程版),1996,9(4):67-71.

[32] 董连成,徐禛. 地震作用下填方路基动力响应的数值模拟[J]. 黑龙江科技大学学报,2018,28(6):638-642.

[33] 董亮,赵成刚,蔡德钩,等. 高速铁路无砟轨道路基动力特性数值模拟和试验研究[J]. 土木工程学报,2008,41(10):81-86.

[34] 杜修力，李洋，许成顺，等. 1995 年日本阪神地震大开地铁车站震害原因及成灾机理分析研究进展[J]. 岩土工程学报，2018，40(2)：223-236.

[35] 杜修力，许紫刚，许成顺，等. 浅埋地下结构地震反应分析的惯性力-位移法[J]. 岩土工程学报，2018，40(4)：583-591.

[36] 杜修力，康凯丽，许紫刚，等. 地下结构地震反应的主要特征及规律[J]. 土木工程学报，2018，51(7)：11-21.

[37] 范书立，陈健云，王建涌，等. 高拱坝振动台地震破坏试验研究及数值仿真[J]. 岩石力学与工程学报，2009，28(3)：467-474.

[38] 范昭平，张丽华. 地震作用下边坡稳定性分析[J]. 岩土工程技术，2010，24(1)：32-35.

[39] 付晓，冀文有，张建经，等. 锚索框架梁加固平面滑动型边坡地震动力响应[J]. 岩土力学，2018，39(5)：1709-1719.

[40] 谷天峰，王家鼎. 地震作用下客运专线黄土路基变形分析[J]. 灾害学，2008，23(增刊)：89-92.

[41] 顾淦臣，沈长松，岑威钧. 土石坝地震工程学[M]. 北京：中国水利水电出版社，2009.

[42] 国家质量监督检验检疫总局，中国国家标准化管理委员会. 中国地震动参数区划图：GB 18306—2015[S]. 北京：中国标准出版社，2016.

[43] 何蕴龙，陆述远. 岩石边坡地震作用近似计算方法[J]. 岩土工程学报，1998，20(2)：66-68.

[44] 黄润秋，李为乐. "5.12"汶川大地震触发地质灾害的发育分布规律研究[J]. 岩石力学与工程学报，2008，27(12)：2585-2592.

[45] 吉随旺，唐永建，胡德贵，等. 四川省汶川地震灾区干线公路典型震害特征分析[J]. 岩石力学与工程学报，2009，28(6)：1250-1260.

[46] 季倩倩. 地铁车站结构振动台模型试验研究[D]. 上海：同济大学，2002.

[47] 金勤胜，蔡鹤生. 地质勘探在建筑物安全性鉴定中的应用[J]. 地质勘探安全，2001，8(2)：19-23.

[48] 亢景富，张镜剑，冯乃谦. 结构模型试验中模型混凝土配合比研究[J]. 土木工程学报，1998，31(4)：53-58.

[49] 雷俊卿. 公路桥梁抗震防灾安全性评估分析[J]. 西南交通大学学报，1999，34(5)：540-544.

[50] 李澄宙. 地震作用下加筋土挡土墙的有限元分析[J]. 广东土木与建筑，2001，8(9)：18-21.

[51] 李德寅. 结构模型实验[M]. 北京：科学出版社，1996.

[52] 李德玉，王海波，涂劲，等. 拱坝坝体—地基动力相互作用的振动台动力模型试验研究[J]. 水利学报，2003，34(7)：30-35.

[53] 李红军，迟世春，钟红，等. 高土石坝地震永久变形研究评述[J]. 水利学报，2007，38(增刊)：178-183.

[54] 李宏男，赵衍刚. 日本新潟县中越大地震震害调查及分析[J]. 自然灾害学报，2005，14(1)：165-174.

[55] 李金贝，张鸿儒，李志强. 高烈度地震区公路填方路基大型振动台模型试验[J]. 公路交

通科技，2011，28(11)：1-6.
[56] 李金贝，张鸿儒，李志强. 填方路基振动台动力破坏试验研究[J]. 岩土力学，2011，32(10)：3075-3080.
[57] 李志强，张鸿儒，陆传波. 挡土结构物随机地震响应分析及动力可靠度研究[J]. 工程地质学报，2006，14(3)：345-350.
[58] 李志强. 重力式挡土墙抗震动力可靠度分析与基于位移法的抗震设计研究[D]. 北京：北京交通大学，2007.
[59] 李志强. 中外公路挡土墙抗震设计方法对比研究[J]. 中外公路，2008，28(6)：57-60.
[60] 梁凯利. 日本新泻县发生强烈地震[J]. 国际地震动态，2004，34(11)：32-33.
[61] 凌贤长，郭明珠，王东升，等. 液化场地桩基桥梁震害响应大型振动台模型试验研究[J]. 岩土力学，2006，27(1)：7-10.
[62] 刘波，韩彦辉. FLAC 原理、实例与应用指南[M]. 北京：人民交通出版社，2005.
[63] 刘春玲，祁生文，童立强，等. 利用 $FLAC^{3D}$ 分析某边坡地震稳定性[J]. 岩石力学与工程学报，2004，23(16)：2730-2733.
[64] 刘汉龙，余湘娟. 土动力学与岩土地震工程研究进展[J]. 河海大学学报(自然科学版)，1999，27(1)：6-15.
[65] 刘晋南. 水平地震荷载作用下斜坡路基动力响应[D]. 成都：西南交通大学，2009.
[66] 刘小生，王忠宁，汪小刚，等. 面板坝大型振动台模型试验与动力分析[M]. 北京：中国水利水电出版社，2005.
[67] 刘智. 高速铁路车桥耦合体系地震响应分析及报警阈值研究[D]. 哈尔滨：中国地震局工程力学研究所，2015.
[68] 楼梦麟，王文剑，马恒春，等. 土-桩-结构相互作用体系的振动台模型试验[J]. 同济大学学报(自然科学版)，2001，29(7)：763-768.
[69] 吕西林，陈跃庆，陈波，等. 结构-地基动力相互作用体系振动台模型试验研究[J]. 地震工程与工程振动，2000，20(4)：20-29.
[70] 彭惠民. 日本铁路积累的抗震经验及措施[J]. 国外铁道车辆，2017，54(1)：7-17.
[71] 钱家欢，殷宗泽. 土工原理与计算[M]. 2 版. 北京：中国水利水电出版社，1996.
[72] 秦旗，梁波，韩仙华. 地震荷载下无碴轨道桩网路基的动力响应分析[J]. 兰州交通大学学报，2008，27(3)：33-36.
[73] 阮永芬，潘文，费维水，等. 高路堤边坡地震稳定动力放大系数的计算分析[J]. 路基工程，2006(1)：67-69.
[74] 石传志，徐晓，高盟，等. 地震荷载和列车荷载共同作用下弹性均质路基的动力响应[J]. 山东科技大学学报(自然科学版)，2020，39(1)：61-70.
[75] 唐永建. “5・12”汶川大地震四川灾区公路应急调查与抢通[M]. 北京：人民交通出版社，2008.
[76] 王柏乐. 中国当代土石坝工程[M]. 北京：中国水利水电出版社，2004.
[77] 王海波，李德玉，陈厚群. 拱坝振动台动力破坏试验研究[J]. 土木工程学报，2006，39(7)：109-118.
[78] 王洪瑾，马奇国，周景星，等. 土在复杂应力状态下的动力特性研究[J]. 水利学报，

1996,27(4):57-64.
[79] 王继波.地震条件下高速公路斜坡路基稳定性分析与控制研究[D].北京:北京交通大学,2019.
[80] 王丽霞,凌贤长,徐学燕,等.多年冻土场地路基地震加速度反应谱特性研究[J].岩石力学与工程学报,2004,23(8):1330-1335.
[81] 王锡财,杨继恩.澜沧:耿马地震生命线工程及特殊构筑物震害[J].地震研究,1993,16(4):425-430.
[82] 吴世明.土动力学[M].北京:中国建筑工业出版社,2000.
[83] 伍小平,孙利民,胡世德,等.振动台试验用层状剪切变形土箱的研制[J].同济大学学报(自然科学版),2002,30(7):781-785.
[84] 肖建华,刘淼.城市地铁车站地下结构地震反应[J].辽宁工程技术大学学报(自然科学版),2015,34(4):490-495.
[85] 谢和平,邓建辉,台佳佳,等.汶川大地震灾害与灾区重建的岩土工程问题[J].岩石力学与工程学报,2008,27(9):1781-1791.
[86] 谢康和,周健.岩土工程有限元分析理论与应用[M].北京:科学出版社,2002.
[87] 徐光兴,姚令侃,高召宁,等.边坡动力特性与动力响应的大型振动台模型试验研究[J].岩石力学与工程学报,2008,27(3):624-632.
[88] 徐文焕.地下结构抗震分析中若干问题的探讨[J].西南交通大学学报,1993,28(3):1-6.
[89] 杨晖.路基及复合路基地震响应分析[J].市政技术,2005,23(4):199-201.
[90] 杨林德,杨超,季倩倩,等.地铁车站的振动台试验与地震响应的计算方法[J].同济大学学报(自然科学版),2003,31(10):1135-1140.
[91] 杨林德,王国波,郑永来,等.地铁车站结构振动台试验及地震响应的三维数值模拟[J].岩石力学与工程学报,2007,26(8):1538-1545.
[92] 杨少丽,SANDVEN R,林霖,等.改进的室内粉土制样技术[J].岩土工程学报,2000,22(3):379-380.
[93] 杨雄.填方路基结构地震响应研究[D].重庆:重庆交通大学,2009.
[94] 杨旭东.振动台模型试验若干问题的研究[D].北京:中国建筑科学研究院,2005.
[95] 姚令侃,冯俊德,杨明.汶川地震路基震害分析及对抗震规范改进的启示[J].西南交通大学学报,2009,44(3):301-311.
[96] 袁晓铭,孙锐,孙静,等.常规土类动剪切模量比和阻尼比试验研究[J].地震工程与工程振动,2000,20(4):133-139.
[97] 袁勇,黄伟东,禹海涛.地下结构振动台试验模型箱应用现状[J].结构工程师,2014,30(1):38-45.
[98] 张平,吴德伦.动荷载下边坡滑动的试验研究[J].重庆建筑大学学报,1997,19(2):80-86.
[99] 张瑞禹.高填方路基边坡或深挖方路堑边坡抗震设防[J].辽宁工程技术大学学报(自然科学版),2009,28(增刊):283-285.
[100] 中华人民共和国交通部.公路工程抗震设计规范:JTJ 004—1989[S].北京:人民交通

出版社,1990.
[101] 周海涛.公路工程抗震减灾技术回顾与展望[J].公路交通科技,2010,27(9):39-43.
[102] 周颖,卢文胜,吕西林.模拟地震振动台模型实用设计方法[J].结构工程师,2003,19(3):30-33.
[103] 朱彤.结构动力模型相似问题及结构动力试验技术研究[D].大连:大连理工大学,2004.
[104] 朱学雷.汶川地震公路抗震技术文集:纪念汶川特大地震两周年[M].成都:四川人民出版社,2010.
[105] 朱颖,魏永幸.汶川地震铁路工程震害特征及工程抗震设计对策思考[J].岩石力学与工程学报,2010,29(增1):3378-3386.